蘭嶼部落文化藝術

封面說明：
蘭嶼的兒童　鮑克蘭女士攝影

封底說明：
蘭嶼族人的盛裝 —— 雅美男子除銀盔外，不像女子那麼喜歡裝飾。蘭嶼的銀盔是用銀子捶鍊成薄片再連接而成，由於銀子來源不易，成為一般男子夢寐以求的一件珍寶。婦女的胸飾製自一種硬果和瑪瑙。

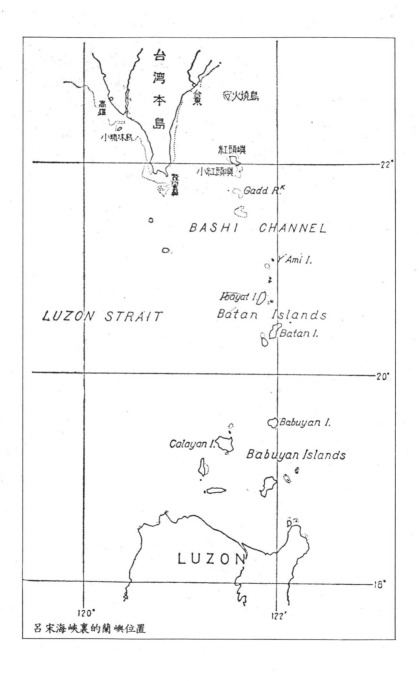

台灣本島

高雄

小琉球島

台東

火燒島

紅頭嶼

小紅頭嶼

· Gadd Rᴷ

BASHI   CHANNEL

· Y'Ami I.

Ibayat I.()

Batan Islands

Batan I.

LUZON STRAIT

Babuyan I.

Calayan I.

Babuyan Islands

LUZON

22°

20°

18°

120°

122°

呂宋海峽裏的蘭嶼位置

劉其偉編著

蘭嶼部落文化藝術

CULTURE AND ART OF THE BOTEL TOBAGO ISLAND

by Max Chiwai Liu

藝術家出版社

編者的話

　　蘭嶼雅美族屬於台灣土著的一支，居住在距本島東南五十浬的一個小島上。族人自稱 Ponso-no-Tau，意為「人之島」。由於蘭嶼地理係孤立於海中，早期一向和外界隔絕，故此固有文化之型態，改變不多。同時蘭嶼的生態係屬熱帶系統，與台灣本島不同，因此頗受學術界的重視。

　　有關蘭嶼在文化人類學上的研究，既往學者甚多，諸如日人鳥居龍藏、瀨川孝吉、稻葉直通、馬淵東一、千千岩助太郎、奧田彧、岡田謙、和鹿野忠雄諸氏。自台灣光復以後，則由我國台灣大學人類考古學系，及中央研究院民族學研究所，凌純聲、張光直、鮑克蘭、李亦園、衛惠林、文崇一、陳奇祿、宋文勳、高業榮、劉斌雄、李卉、林衡立、許世珍、呂炳川、石磊、李哲洋、林希娟諸人繼續做更詳盡的學術探討。故此今日有關蘭嶼的文獻，比之研究本島土著的資料還要多。

　　既往有關蘭嶼報導的書籍，也發行過好幾本，最早為民國四十三年省新聞處所刊行的《蘭嶼》；其次是民國四十五年，陳國鈞著《蘭嶼雅美族》；再次則為民國五十年，民間知識社出版劉振河著《蘭嶼今昔》。這些書籍，在多年以前即已絕版，筆者有感於斯，故此重新蒐集資料，從一百年前——明治三十五年（1902）出版的鳥居龍藏《紅頭嶼》開始，以迄一九八二年二月中央研究院所刊印的資料止，輯成是書，並包納自日治時期，以迄八○年代以前蘭嶼的照片，藉供初學者的參考。

　　無疑地，蘭嶼部落和世界其他地域的文化一樣，在今日文明的急遽與強力的衝突下，已日益加速其消滅的噩運。這本大眾化讀物的出版，其目的除供入門者閱讀外，同時也希望引發讀者，對保存蘭嶼部落文化的了解與關懷。

　　八○年代之前有關蘭嶼的研究文獻，我統統把它列在書末，藉對讀者提供一些研究的線索，本書大部章節，引用上列前人的資料殊多，名字不及一一列舉，在此謹致由衷的謝忱與敬意。

劉其偉

Culture And Art of The Botel Tobago Island

The small Island "Botel Tobago" appeared in ancient European books, has been named Orchid Island (蘭嶼) for years. The Island is only 45 nautical miles from the southern tip of Taiwan (Formosa) with three thousand or more Yami aborigines approximately (The population has not been grown fast in the past 30 years.) Since Orchid Island is isolated by the sea from the outside, the traditional culture of Yami on the small Island has less change than those of Taiwan aborigines.

Based on Yami linguistic and culture, the Yami are more akin to the Batanese of the northern most Philippines than to the aborigines of Formosa proper. It is possible that Botel Togago culture has been disseminted from Bantan to Orchid Island for several centuries. Thus, Yami can still remember unclearly and tell their ancestor's adventure of movement from Bantan to other islands in the sea.

Why did Europeans in 1800 call the small island "Botel Tabago"? Some people think that the Island grew tabaco early days. In fact, no tobaco was planted on the Island. Its name came possibly from Chinese ancient books, because Chinese illustrated the Island in ancient books earlier than westerners did in their ancient books, i.e., from a time prior to the introduction of tabaco, such names include T'am-ma-yen (談馬顏) (in cantonese Tam-ba-gan), in Chu-fan-chih (諸蕃誌) of the Sung dynasty and Tap-be (答陪) (or Tap-bai or its equivalent), in Tao-i-chih-luch (東夷誌略) of the Juan dynasty. Prof. H. Otley Beyer has suggested that the name Botel Tabago might have been derived from "butil tumbaga" meaning "golden bead" in some dialects of Luzon, and the name "Tumbagam" of Sung dynasty seems to correspond to "tumbaga" gold.

Apart from the fact that such a compound name is of late date, there would still be the problem of explaining why the island would be referred to the counection with gold. However, the Batan islands, with which the Yami maintained trade relations from early times, were known by Europeans for their gold products, and the likelihood would remain that the Sung dynasty records might have included both Botel Tobago and Batan islands under the single name Tambagan.

The origin of the name Yami is also obscure according to the report of Dr. Ryuzo Torii, who studied them in 1897, the islanders called themselves Yami.

Since them the name has been in general use as the designation of the academic publications, although it is rather curious that no observer since Dr. Torii, as been able to discover such a name among the natives themselves who seem to be devoid of any selfappellation.

After Dr. Torii's report, Dr. Otto Scheerer noted that such a word as "amian" or "amih-an" implying "the north wind" was widely used in the Philippine language and that, as a matter of course, the people of the Batan islands call the northernmost islet of the archipelago as well as Botel Tabago by the name of "I-ami", because both of them are situated in the north.

If so, the name I-ami or Yami had its proper implication only in the context of mutual relations between the Batan archipelago and Botel Tobago.

According to the report made by Dr. Tadao Kano and Dr. Kokichi Segawa in 1956, Yami population was 1,600 on the small Island at that time. Now the population is merely doubled, about 3,000 after 26 years. In the past 20 years there are many reports on Yami research announced by scholars, the number of such reports even outnumbers the number of the reports on the research of Taiwan aborigines. It seems that information included in Yami research reports is much more rich than that included in the reports on Taiwan aborigine research. For example, "Social Structure of the Yami, Botel Tobago" by Prof. Liu Pin-hsiung, Institute of Ethnology Academia Sinica, and Prof. Wei Hwei-lin in 1962 is an authoritative work. Dr. Chen Chi-lu, National Taiwan University, and Prof. Inez de Beauclair etc. are all well-known specialists in this field and their treatises are highly treasured.

The purpose of this book is to illustrate systematically with simple words in order to give readers a clear idea on Orchid Island.

At the bottom of this book data on Botel Tabago research may be used as a further reference to readers.

This book is divided into 12 chapters:

Chapter 1 is general, illustrating geography, ecology, and Botel Tabago record appeared in ancient Chinese books.

Chapter 2: Illustrating the social structure, formation of families, system of division of labour, properties and ownership system;

Chapter 3: Life cycles, marriage, childbirth, funeral, religion, war etc.;

Chapter 4: Faming, fishery and animal husbandry;

Chapter 5: Worship and calendars;

Chapter 6: House building, formation of tribes, natural conditions;

Chapter 7: Clothing and personal adorrment;

Chapter 8: Pottery-making, fabricating & knitting;

Chapter 9: Fishing boat building;

Chapter 10: Weapon-making and metallurgy;

Chapter 11: Art including visual art and performing art;

Chapter 12: Language, legend and myth.

I wish especially to express my appreciation to the private collection, as well as the photos have provided me with illustrations in this book.

Dept. of Architecture
Chung Yuan University
Tao-yuan Hesien
Chung-Li City, Taiwan
May 1982

Prof. of Art
Max Chiwai Liu

目次

〔1〕總說

1.緒言

　　在台灣東南端的西太平洋裡，有一座風光綺麗，佈滿了熱帶植物的小島，它就是俗稱「蘭花之島」的蘭嶼（Orchid Island）雅美（Yami）族人就是住在這個與塵世隔絕的孤島上，以種芋和捕魚維生。千數百年來，他們的生活和其他自然民族一樣，直至今天，老一輩的都堅守著祖先傳下來的獨特文化，同時由於地域被限制在絕海之中，和外界少有接觸，故迄至今日，仍能保持其種族的純粹，生活方式也變化不多。

　　台灣在日治時期，光緒二十二年間日本拓務省曾命台灣總調查此島，其時由陸軍指揮官菊田組隊自基隆出發，意欲將蘭嶼拓展為農業地或闢為軍港，繼經調查結果，認為沒有開發價值，乃將此島併入台東縣管轄。其時日本且忙於治理台灣本島，無暇兼顧蘭嶼，只好把它捨棄，不予治理。

　　但台灣光復，政府對蘭嶼的看法，自又與日本不同。我國於一九五四年，曾派遣農林、水利、交通及港灣等專家組成勘察隊，前往該島勘察，期為開闢以後，蘭嶼將來不但可以自給自足，同時台灣本島過剩的人力，亦可移民該島，容量且可高達五萬人，以為充裕國家富源之策。

　　事實上，蘭嶼今日雖未盡開發，但早已闢為觀光勝地。二十世紀的發展，雖然有人認為比過去的世紀都更輝煌，可是對於另一面的後果，却也帶來了，更可怕的威脅、困擾、黯淡，與悲哀。

　　文明是人類構想的產物，它的演進是與時俱增，我們無法停止文明。今日蘭嶼自亦與世界其他地區一樣，大自然將因文明的冲擊而潰滅，而蘭嶼的一切，自亦不能例外，逃離此一厄運。

　　站在學術的角度來說，蘭嶼當是我國稀有文化資產之一。不論在地理的、人種的、歷史和藝術的，都有其保存的價值。故此最近有不少關心保存蘭嶼部落文化的人，對於蘭嶼雖不免於文明冲擊，而又如何使他們的固有文化，不致流於失墜而耿耿於懷。

　　為了保存蘭嶼的文化，今日我國學人對該島做過了很多田野工作。

　　由於今日蘭嶼固有文化瀕於湮沒的邊緣，我們對於上述的資料，也倍覺珍貴。筆者在這本書中，儘可能把數十年來，有關蘭嶼的文獻做一個系統性的整理，也許從這本通俗的報導中，或有助於一般青年朋友加強對文化史的知識與蘭嶼的關懷。

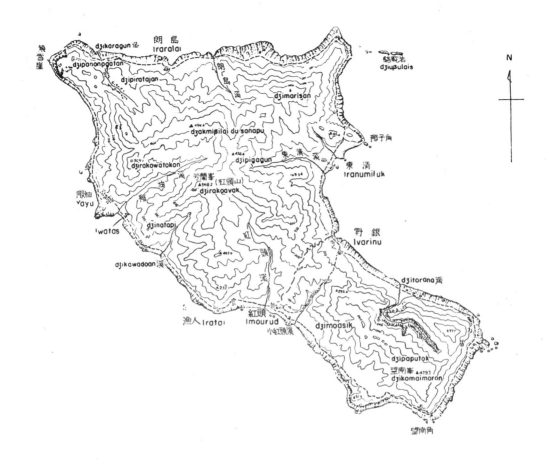

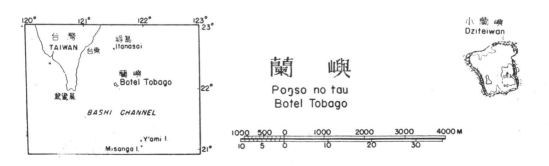

蘭嶼

Poŋso no tau
Botel Tobago

小 蘭 嶼
Dziteiwan

蘭嶼與小蘭嶼

11

中國史籍曾稱蘭嶼做淡馬顏，歐洲人稱她做Botel Tobago，臺灣本地人稱紅頭嶼，光復以後，由於該島盛產蝴蝶蘭，故改稱做蘭嶼。蘭嶼島是一座丘陵，只在有向灣曲的海岸才有沙灘和卵石海灘，其他部份都是臨海的礁岩。

朗島社的居住形式最能代表族人在蘭嶼的自然環境下如何抵禦風災或土地經濟的利用。從這個村落中，不難可以看到他們兩千多的人口，如何去適應這個熱帶環境，而創建了他們的文化。

2.蘭嶼的地理與形成

　　地理位置—— 蘭嶼屹立於台東東南四十九浬的西太平洋中，距台灣本島最南端的鵝鑾鼻四十浬，位於北緯二一‧八度，東經一二一‧六度。蘭嶼之外，在它的東南方還有一個小蘭嶼，兩者相距約三浬，距巴士海峽僅四十餘浬，據說天氣晴朗之日，攀登紅頭山（Chiak-Riman）的山頂，隱約可以看見巴丹島（Batan）。大蘭嶼總面積三十六平方公里，小蘭嶼約五平方公里。人口均集中在大蘭嶼，小蘭嶼現為一「無人之島」。

　　全島幾由山岳構成，缺少平野，地勢是一狹長三角形，中部突起，島上中央稍偏西北有紅頭山（今名芳蘭峰），高五四八公尺，為全島的最高點。第二高峰為大森山（今名望南峰），高四八〇公尺。此外還有殺蛇山，高四九四公尺，和青蛇山高四三八公尺。全島峰巒聳峙，呈視群礁的地形景觀。四週大多被隆起的珊瑚礁環繞，海岸線比較單調，尤以北部的一面，幾成一直線，所能看見的港灣叫 Imorolu 灣和它背後的 Ivarinu 灣。海岸雖有突入海中的沙灘，但在西北和東北兩部區域，珊瑚礁頗為發達。西北角的嶙峋岩礁沒入海中之處，怒濤澎湃，流石屹立，有天然險要之勢。

　　蘭嶼的環島公路雖開闢多年，但仍能保持其生態環境而不致過份破壞。蘭嶼在地理生物學上，屬熱帶系統而與臺灣本島迥異，在學術的研究，蘭嶼可說是我們最珍貴的天然寶藏。

13

蘭嶼雖然是地處熱帶，但土質並不沃肥，只有在海邊一帶才能種植水芋，需要柴薪還得到山上去採。

　　由於蘭嶼是一個小島，故此沒有大河川，只有小溪流。在長軸分水嶺之西南方，下流的主要溪水有Yayu溪、Ticawi溪、Imorolu溪、東Imorolu溪，北及西側的溪流主要有Jikairagun溪、Iraralai溪、Iranumilk溪、Jitalara溪，其中以油椰溪（Yayu）爲最大。

　　這些溪流，多爲山澗，故石堆很多，即使小竹筏也不能通行。同時還有很多伏流，砂礫之下，只聞溪水潺潺而流。雅美族人以石塊疊積成堤堰，以之作爲水源，水質淸澈而味甘。

　　地　　質—— 根據昔日台灣總督府的資料，略謂在菲律賓群島中，Babuyan，Batan，及Bashi諸火山，綿延在海中構成了海底的火山山脈。自Gadd-rock，Rowlestbelu-rock 火山礁起經小紅頭嶼而至紅頭嶼（蘭嶼），此一大火山脈，更於北方約四十浬處形成了火燒島（今之綠島）。

　　蘭嶼原是一座死火山島嶼，即爲古代火山爆發後的遺跡。主要的地質，爲第三紀（Tertiary）中海底火山及其噴出物所構成，其後土地隆起，遂成爲今日的蘭嶼。於第三紀後，又噴出蛇紋岩、安山岩，和玄武岩，其中因玄武岩於蘭嶼變成岩脈而噴出，故又構成了小火山的小蘭嶼。

　　又據地質學調查報告，認爲蘭嶼地質所含安山岩中，常有硫化鐵的鑛染，因而呈赤褐色。在這硫化鐵鑛染部份，時有少許的黃銅鑛，由於它因風化作用，往往變

成了青色的孔雀石。屬於安山岩種類的還有角閃安山岩，緻密角閃安山岩、閃輝安山岩、和輝石安山岩等。其噴出時間計分為第三紀中及第三紀後兩個時期。前者屬於熔岩流性質，後者為岩脈。屬於岩流的安山岩，計有角閃安山岩和輝石安山岩，其為岩脈者則為角閃石安山岩和緻密安山岩。角閃安山岩外表呈灰白色，因石基中具有角閃石結晶，故略呈淺綠色。角閃石結晶粒有時頗為粗大，常生綠簾化石作用，乃有硫化鐵的鑛染，呈赤褐色，或產生了少許黃銅鑛。

中國古籍中記載，傳島上藏有黃金，也許是發現此等黃銅鑛和角閃安山岩，而誤作金鑛。

蘭嶼東南海岸突出部份係由閃輝安山岩所構成，岩石呈暗灰色，礦物成分有斜長石、輝石、角閃石以及磁鐵礦等。

島上周圍的岩礁，由於長年的海浪侵蝕，因此產生了許多奇形的岩石。東清社東面有一小山岩，形如獅角，故名獅子角，並在岩壁有一海蝕洞穴，稱為石門。在朗島社兩角邊上，有海蝕的大岩壁，壁上也有一個大洞穴，亦為浪潮冲擊所致。在東北角海外，孤懸著幾座小島，緊連在一起，狀似沙漠上的駝隊，故有人稱其為駱駝岩。據說二次世界大戰期間，美國機隊在高空見之，誤為偽裝的日艦，曾施以攻擊。

蘭嶼沒有海岸平地，溪流都很短，從中央高山作放射狀向海岸地區傾瀉。最長的溪流也不到五公里。這些溪流都成為族人主要的飲水和芋田灌溉的源流。

蘭嶼的卵石海灘與礁岩。在海邊附近海拔六十公尺地帶都分佈有珊瑚礁，常被利用為停泊小船的港。

16

小蘭嶼的東南兩岸，多爲急峻的斷崖，無路可通，只有北面低平，約在海拔一百五十公尺處，有一缺口，可以入內。中央有盆地，大小約六公頃，濶葉喬木很茂盛，並多野鳥和蛇類棲息其中，沒有溪流，却有幾處溫泉，從來沒有人常居，只有在捕魚季節，偶或有別處的漁民，靠在山的石洞內，暫住幾天卽離去。

雨　　量——蘭嶼爲台灣最富熱帶色彩的地區，氣溫要比台灣本島任何地區都高得多。蘭嶼的雨季，爲每年十月至翌年三月之間，由於地處太平洋冷暖流會合之點，故夏季都爲南風，而冬季的東北季風（monson）極爲強烈。自七月至十月間，屢有颱風及暴風侵襲，其時風速多及四十公尺。

全年的雨量，非常豐富，九月雨量最多，四月最少。平均每年雨量達三、四〇公厘，最多時達四、五一五公厘，僅次於基隆。這對植物的生長，有很大的影響，自有氣象記錄以來，就沒有乾旱過。因爲多雨，故此蘭嶼的氣候，也非常潮濕，全年相對濕度達百分之九十。全年雲天日數達二二六天，一年中雨天多至二四九天，甚至晴天只有六天。

至於溫度，以十一月至翌年四月爲最低，平均在攝氏廿一度與廿三度之間，從四月中旬開始至十月間，平均溫度都在攝氏廿八與三十度左右。

3.蘭嶼的生態

人類在歷史上，其中現存的自然民族，或從事採擷與漁獵，或從事農耕，它和地球上的生態，有頃刻不可分離的關係。關於區域中動植物，蘭嶼雖靠近台灣本島東部，但就生態學上來觀察，毋寧說它完全屬於熱帶而爲菲律賓或南洋系統。

蘭嶼地處高溫，多雨而又潮濕，熱帶森林頗爲茂盛，約佔全島面積百分之四十。生物學、地理學上有謂華萊士線（Wallace line），它是從小異他群島（Lesser Soenda Is.）的峇里（Bali）和龍目（Lombok）之間的錫江海峽（孟加錫，Makassar Strait）劃一條線向北延伸，通過婆羅洲與西里伯斯之間，轉向菲律賓的尼答那峨（Mindanao）以南，爲亞洲系統與澳洲巴布阿系統生物的分界線。這個生物學上老界線，後來曾經有過多次的討論和修正。其中有所謂威伯氏線（Webdr's Line），主張把這條澳亞生物界線再向東移，把帝汶（Timor），摩鹿加（Molucca）與西伯里斯劃入亞洲系。此二線之間所圍進去的地區，遂被稱爲"Wallacea"線，爲澳亞兩系生物的過渡地帶。其後Dickerson、Taylor及鹿野等人，又主張把"Wallacea"線再向北面延伸，經呂宋的西邊一直向北延伸，而把蘭嶼、綠島與台灣分開，卽把蘭嶼劃入澳洲、巴布阿系統，至少劃入所謂"Wallacea"區域之內；由此蘭嶼在生物學上，便成爲亞、澳兩洲過渡系統。雖然如此，因在"Wallacea"區域內，亞洲系生物顯然仍佔著優勢。亞洲系生物愈偏東南，勢力則愈弱，反之澳洲系統則有自東南向西北伸進的趨勢。但"Wallacea"生物相是亞洲性的，只包納著巴布阿和澳洲的成份而已。而蘭嶼的動植物群相與菲律賓一樣，巴布亞或澳洲系佔著優勢。

植物群相——根據鹿野氏對蘭嶼植物的生長相（vegetation），認爲原生林，足可作爲代表最基本的植物種類，他把原生林分爲高度三百五十公尺以上及三百五十公尺以下，卽高山與低山兩種。高山原生樹林有23種之多，低山則有42種之多，合計約六十多種之多，其中最佔優勢的樹木如龍眼、麵包樹、蘭嶼芋麻、蘭嶼白芋麻、蘭嶼肉豆蔲、單萼木，都是台灣本島所少見的。另一方面在本島常見的山毛欅科，在蘭嶼就完全沒有，由此足見台灣本島與蘭嶼的原始林，它和台灣實在有很大的差異。但是蘭嶼特產的樹木，到了呂宋一帶反而常見。蘭嶼原始林的特徵，是其板根和柱根現象，這些都是熱帶雨林（rainforest）的主要特徵，而此特徵在台灣原始林中却不多見。

　　茲將蘭嶼常見的植物種類列於下：

Palaquium formosanum Hay.

大葉山欖：常綠喬木，葉長橢圓形或長卵形，果實橢圓形，種子紡錘形，產台灣北
　　　　　部及南端海岸與蘭嶼。

Mucuna nigricans Steud.

薄葉血藤：木質藤本植物，葉爲卵菱形，頂小葉最大，葉脈爲三出脈，葉的上下兩
　　　　　面有粗毛，果實爲莢果，產台灣、蘭嶼、綠島。

Ficus vaccinioides Hemsl et King.

越橘葉蔓榕（蔓榕）：蔓性藤本，匍匐地面，莖赤褐色，有毛、葉互生，兩面有毛
　　　　　　　　　，倒卵狀橢圓形，隱花果單一腋生，球形或卵形，外被有毛
　　　　　　　　　，先端突出，成熟時呈紅褐色，產台灣山麓至中高林地中，
　　　　　　　　　蘭嶼亦產。

Syzygium kusukusense（Hay）Mori.

高土佛赤橘：中喬木或小喬木，葉長橢圓形或倒卵狀長橢圓形，兩端銳形，花頂生
　　　　　　，萼筒廣鐘狀，果實球形，直徑約 2 cm，暗紫色，產恆春半島濶葉
　　　　　　林中。

Arengg engleri Becc.

山棕（別稱：虎尾棕、棕節、棕椰子）
　　　　　　　莖矮小叢生，羽狀裂葉長 2 - 3 cm，裂片互生，邊緣齒牙狀，先端咬
　　　　　　　切狀，表面濃綠色，具有光澤，裏面灰白色，雌雄同株，雄花黃色殼
　　　　　　　斗狀，花瓣長橢圓形，雄蕊多數，雌花花萼及花瓣均爲覆瓦狀排列，
　　　　　　　果爲漿果，球形或倒卵形，成熟後紅色。

Alocasia macrorrhiza （L）Schoot ＆ Endl.

姑婆芋（別稱：山芋、海芋、細葉姑婆芋、觀音蓮、天荷）

多年生草本，具有斜上的肉質莖，根莖巨大，葉廣卵形，葉先竭銳形
，基部心狀箭形，全緣或波狀緣、葉柄粗壯、佛焰苞長橢圓狀披針形
，綠色，花單性，黃白色，雄花在上，雌花在下、中間部份爲不孕的
中性花，漿果球球，直徑約 1 cm ，成熟時爲深紅色。

Dryopteris leucopteris Baker.

Betel-nut palms.
Areca catechu L.

檳　　榔：喬木，單幹通直，細長圓筒形，具有環紋，葉爲羽狀複葉，叢生於頂
端，長橢圓形，總葉柄之橫斷面呈三稜形，花白色，有香味，果實橄
欖狀，柔軟，有纖維物包住，呈桔色或緋紅色，長5 cm，種子紅黃色。

Diospyros djscolor Willdd

毛　　柿：常綠大喬木，樹皮黑色。小枝、葉柄、葉裡、花及果被黃褐色毛，葉
披針形，果實球形，直徑8 cm，產恆春半島，綠島、蘭嶼。

蘭嶼島上的熱帶植物週年都非常茂盛，一切生態都屬於熱帶系統，而與本島亞熱
帶環境不同。

19

Pinanga bavensis Beccari

山　檳　榔：莖通直，基部膨大，羽狀複葉，小葉線形，花由外部葉鞘之著生部抽
　　　　　出，稍懸垂，雌雄同株，雌花著生於中央，雄花著生於兩側，乳白色
　　　　　，果實爲卵形，長 18 ^{mm} 。

Lilium longiflorum Thunb.

麝香百合（鐵砲百合）
　　　　　　多年生草本，葉線形或披針形，莖直立無分枝，地下具鱗莖，扁平形
　　　　　　，根生於鱗莖底部，花穗自莖頂生出，花呈喇叭形，花瓣六片，白色。

Begonia fenicis Merrill.

蘭嶼秋海棠：多肉光滑草本，具有橫走爬蔓，呈淺紅色，或淡赤褐色，葉歪卵狀心
　　　　　形，基部心圓形，先端銳尖，邊緣不規則，鋸齒，掌狀脈 8～10.條，
　　　　　托葉卵形，花呈白色，果實爲葫果，卵形以至圓狀心形，具不等形三
　　　　　翼，翼片薄膜質，產台灣、蘭嶼、綠島。

Pandanus odoratissimus L.f. var. sinensis (Warb.) Kaneh.

華露兜（林投）（露兜樹）（紫蘭）（阿檀）
　　　　　　常綠灌木，多分枝及氣根，樹幹具有環狀葉痕，氣根從幹的基部長出
　　　　　　，葉叢生枝端，劍形，作螺旋狀排列，先端尾狀銳尖，基部成爲鞘狀
　　　　　　，葉緣及葉背中肋均具有銳刺，雌雄異株，花淡黃白色，聚合果呈球
　　　　　　形，直徑達 20 cm 成熟時稍呈紅黃色。

Piper betele L.

篸醬（荖葉）：藤本，全株無毛，葉斜卵狀長橢圓形或卵狀心形，先端漸尖，葉脈
　　　　　5.～7.行脈，果實爲漿果，其莖、葉與花序可和檳榔嚼食。

Artocarpus altilis (Park) Fosberg

麵　包　樹：桑科，又稱羅蜜樹，果實可食，果實烤後，味似花生。

Barringtonia asiatica (L.) Kurz.

碁盤脚樹：玉蕊科，果爲壓縮陀螺形，4 稜，似棋盤之脚。

Hibiscus mutabilis L.

芙　　蓉：錦葵科，又稱木芙蓉，山芙蓉，清晨開花之際呈白色或紅色，黃昏時
　　　　　變爲深紅色，果實爲葫果，球形，5 裂，具有粗毛，種子腎臟形。

20

Cocos nucifera L.

椰　　瓢：即可可椰子，棕櫚科，果實常呈三角形，椰子汁肉皆可食用。

Sterculia nobilis R. Br.

蘋　　婆：梧桐科，又稱鳳眼果，果實為骨突果，花為白粉紅色，種子可食用，
　　　　　味如板栗。

Peperomia japonica Makino

綠 葉 山 椒：胡椒科，多年生草本類

Pongamia pinnata（L.）Merr.

九　重　吹（水黃皮）
　　　　　蝶形花科，又稱水黃皮，莢果刀狀長橢圓形木質，種子可治皮膚病，
　　　　　亦可用來製肥皂及蠟燭。
　　　　　（台大動物館附近有種）

Begonia taiwaniana Hayata

（台灣）秋海棠：秋海棠科，葉歪披針形，基部歪心形，先端漸尖形，邊緣具不規則細
　　　　　鋸齒，表面深綠色，背面紅紫色，花紅色或淡紅色，果實為葫果，具
　　　　　有三個翼，後翼較寬大。

Neonauclea reticulata（Havil）Merr.

欖　仁　舅：茜草科，常綠喬木，小枝有毛，葉橢圓形或濶倒卵形，種子有翅。

Pisonia umbellifera（Forst.）Seem.

水　多　瓜：紫茉莉科，又稱皮孫木，常綠喬木，葉橢圓形，暗綠色，果圓柱形，
　　　　　光滑，產台灣及蘭嶼。

Excoecaria agallocha L.

土　沈　香：大戟科，又稱水賊，常綠小喬木，葉似榕樹，橢圓形，葉綠全緣或波
　　　　　狀緣，果實為葫果球形，木材燃之發沈香味，可為沈香代用品。

Areca catechu L.

檳　　榔：棕櫚科。

Phalaenopsis amabilis（L.）Blume.

蝴　蝶　蘭：蘭科，蝴蝶蘭種類極多，此學名為報歲蝴蝶蘭。

從蘭嶼的植物生態來看，華萊斯線（Wallance line）向北面延伸經過菲島呂宋西邊，向北伸展，把蘭嶼與臺灣分開，而把它劃入澳洲巴布阿系統。由於此一生物學上的因素，使蘭嶼住民有著重大的影響。圖為島上的林投植物群落。

動物群落——蘭嶼的動物群落（fauna），較之植物群落更具有地理上的複雜因素，因為動物是屬於動態的群落，尤其是候鳥和魚類，常由季節而構成群落。

蘭嶼的哺乳類有狐蝠（Pleropus dasymallus formosus）、蘭嶼鼩（Crocidura tate）、白鼻貓（Paugma lavata taivana）、台灣小葉鼻蝠與蘭嶼鼠（Rattus mindanensis），除上述數種之外，蘭嶼沒有巨大的野生哺乳動物。

鳥類（Aves）有巴丹繡眼兒（Zosterops simplex batanis）、棘鶲（Telaitrea atrocandata periophthalmica）、金鳩（Chalcophps indica）、長尾鳩（Macropygia tunuinostris phaca）、台灣鶲（Microscelis harterti）、雨雀（Micropus pasificus）、蘭嶼鶲（Otusscops botelensis）、台灣鵑（Sphenocerus permagnus formosae）、番鳥（Gallinula chloropus）。

爬蟲類（Reptilia）有樹飛龍（Japahira swithouis miltsukurii）、守宮科（Gecko kikushii）、五龍子（Sphenomorphus indicus）、台灣無花蛇（Calamania pavimentate）、恆春青蛇（Takydromus santeri）、竹葉

青（Trimerescurus graminens stejnegeri）、青斑海蛇（Laticanda colubrina）、黑背海蛇（Pelamydrus proturus）、以及兩棲類（amphilia）的沼蛙（Rana limnocharis）。

海魚類——在鹿野所著一九五六年"An Illustiated Ethnography of Formosan Aborigines Vol.I.The Yami 一書中所載甚詳，此等熱帶產的魚類、貝類、龜類甚多，不下數十種。

紅　蟲——由於蘭嶼是熱帶，固然昆蟲也很多。但其中以紅蟲（Tochu）亦稱恙蟲，屬蜘蛛目，恙蟲科。據記載日本、印度、我國廣東、海南島也有此紅蟲，它是棲息於靠海邊密生的木本科植物上，且以向陽的地方最多，此外也寄生於腳鱗片中。豬是否會藏此紅蟲，但未見調查結果，可是有人曾經購到一隻小羊，在牠的蹄縫中發現很多紅蟲。若以血塗抹在板上，在灌木叢中放置一夜，翌晨則有不少的紅蟲蜩集其上。此等紅蟲在顯微鏡下，呈淡紅色的透明體，六腳，雙眼，有鉗子一對，很像虱子，而要比虱子多毛。由於紅蟲體積甚小不易發現，吮叮人血時多傷害兩腋及陰部、腹臍等體溫較高的地方，患處奇癢異常。

據稱蘭嶼的紅蟲可以分為兩種，一種是寄生在田鼠身上，感染了田鼠菌，故凡田鼠所經之處，都會留下紅蟲的可能。此種紅蟲咬人後，在陽光下可以看見患處有紅圈，中心有一紅點，此點就是紅蟲潛伏之所在，若由蘭嶼族人醫治，他們是不難用火柴的柚木，或針把它挑出來。紅蟲掬出後，患處好像被蚊所刺一樣的稍微痛癢。

另一種紅蟲，其本身則含有傳染毒菌，潛伏在羊、犬、雞等動物身上，此種紅蟲會自人體的毛孔中潛入血管後，則在血管中繁殖約三至四日始發高燒，一週後常因不治而死亡。

預防之法，有謂不宜穿著紺色的衣褲，因紅蟲喜歡紺色，如果穿著紺色木棉的裹腳，就會招致紅蟲附著其上。尚有預防方法，就是在皮膚上擦樟腦油，或每天以乾布遍擦全身。若為紅蟲侵入的部位，擦時就會感到疼痛。據說蘭嶼能專醫紅蟲患者的人頗多，其中有許多人都擁有祖傳秘方，但都不肯告人。

蘭嶼還有由蚊蟲傳播的惡性瘧疾，為撲滅瘧疾蚊的幼蟲，蘭嶼曾經在淡水中移殖了一些Tapmirow （丁斑魚的一種），讓它繁殖成為瘧蚊的害蟲天敵，故近年瘧疾已減少了許多。

4.蘭嶼在古籍中的記載

有關蘭嶼在我國古籍中的記載，最早始於南宋（西元十二世紀）趙汝適的「諸蕃誌」中，已有此島為淡馬顏的記載，據說即Tabacco 的譯音。

荷蘭人在一六二四年入據台灣以後，所繪「一六二四年、一六二五年台灣地勢與海圖」，以及十七世紀古圖「中國沿岸圖」中，便顯示有大小蘭嶼的島影，並在島旁註有Bottol 字樣，這是蘭嶼被介紹於西洋人前最早的史事。

荷蘭人佔據台灣期間，在一七二六年有位荷蘭教士Francois Valcnly，在他

所著「新舊東印度及荷蘭貿易記事」中所繪地圖上，就有此島的記錄。並稱蘭嶼爲 ”t Eyl Groot Tabacco, 又稱小蘭嶼爲 ”t Eyl Klyn Tabacco 。

一八七五年，在法國航海者 La Peruz 的航海的海圖上，也有稱此島爲 Botel 或 Botel Tabacco Sima 的記載。一七九一至一七九二年航海到此島海界的 Avilaludet 船長，在他海圖上，也記有 Botel 字樣。此後西人所有地圖上，都稱此島爲 Bottol Tobacco，或 Botel Tobago 的記錄特別多。

按 Bottol 或 Botel，也許是當時西人稱台東山胞的轉訛而來，或 Tabacco 乃煙草。但蘭嶼至今並不生長煙草，或許是因爲最早航海到過蘭嶼的西人，送給雅美族煙草，教他們吸煙和教他們叫 Tabacco，同時索性稱此島爲「煙草」亦未可知。至於 Sima ，即島嶼之謂。

我國從清代開始，才有官員到過蘭嶼。據說蘭嶼在夕陽西落，島嶼沐浴在紅霞中，遠望好似一個紅色的人頭，故稱其爲紅頭嶼。

康熙六十一年，有位名叫黃叔敬的御史航海到蘭嶼，在他所著「台海使槎錄」中「赤崁筆談」與「番俗六考」兩篇，就有關於蘭嶼文字最早的記載：

「赤崁筆談」記載：「……凡州赴呂宋，必由此東放，大洋中有澳名名那禿，北風時，大船可泊。沙馬磯頭之南、行四更，至紅頭嶼，皆生番聚處，不入版圖，地產銅，所有什物俱銅器。

「番俗六考」記載：「紅頭嶼番、在南路山後、由沙馬磯放洋東行，二更至雞心嶼，又二更至紅頭嶼，小小孤立海中，山內四圍平曠，傍析皆礁，大船可泊，每用小艇以渡。山無草木，番以石爲屋，卑隘不堪起立，產金、番無鐵，以金爲鏢、鏃、槍舌。昔年台人，利其金，私與貿易，因言語不諳，台人殺番奪金，後復邊瑯嶠番同往，紅頭嶼番盡殺之，今則無人敢至其地矣。」

雍正八年（一七三〇）陳倫烱著「海國見聞錄」中「東南詳記」，也有記載蘭嶼的文字：

「……與沙馬磯西北東西遠拱，中有數島，惟一島與台灣稍近者，名曰紅頭嶼。有土番居住、無舟楫往來，語言不通，食薯芋海族之類，產沙金，台灣曾有舟到其處……。」

嘉慶年間，李元春著「台灣志略」中對蘭嶼記載：

「南路沙馬磯頭之南，有澳名龜那禿，北風可泊巨艦。從此東去，水程四更至紅頭嶼，生番聚處，地產銅，所用什物皆銅器，不與中國通，順風兩日夜，即是呂宋之謝崑山，大小覆金山，沿山行四五日夜，至呂宋共水程五十八更。」

上列三部書都特別記載著出產金銅，遂使蘭嶼成爲傳說中的黃金島，慢慢地吸引了一批移民前往，其中以大陸上漳州和泉州人最爲熱烈。他們帶著農業技術和佛教到來蘭嶼的新天地，據說人數最多時，竟佔住民總數約三分之一，一度造成蘭嶼有史以來，最繁榮的時期，對雅美族人的文化，也起了很大的影響和變化。

同治十二年（一八七三），恆春縣居民徐阿錦等一批人一度到過蘭嶼，想在那裡開墾，但因找不到良好的墾地，廢然而返。其時縣府曾筆錄其口述：

　　「同治十二年三月九日，偕同伴乘載重二百餘石小船，前往紅頭嶼，船向
　　南方航行，水流東北甚急，風向不順。十日晚抵達紅頭嶼，島周圍約四十
　　里。漳泉兩州百姓二、三百人。產物有落花生、薯、芋、豬、羊等。牛米
　　不多，以薯芋為主食。有水、有觀音佛祖，又有大藍蔘良好的避風港，中
　　蔘小港。」

　　當年許多漳州移民，也許是為了盛傳蘭嶼有金礦，終知沒有；其次是開墾條件不合理想，同時受紅蟲之害，病死了不少。

　　光緒初年（一八七五）有夏獻綸的「台灣輿圖」，也有紅頭嶼的記載。再至光緒三年三月，清廷開始對該島重視，才特派撫墾官周有基等二十多人，遠來島上勘察，回去後收入我國版圖，隸屬當時的恆春縣管轄。

　　「卷一疆域「恆春縣全圖」，「圖說」載：

　　雅美族人在舉行招魚祭時所穿的禮服和銀兜。族人性情溫和，但在盛裝時卻顯得頗為神秘而兇悍。

「……海之中，距岸八十里爲紅頭嶼。按紅頭嶼孤懸海中，番俗情形……
今更有來訪者，爲補之。其嶼大小兩峰，大者居東，小者居南，天氣星
明，登鵝鑾鼻望之可見。有至其地者，曰：大嶼，周圍可二十里；小者稍
弱。上多雜樹，蔚然深秀，扶桑日出，無樹不紅，此其名之所由昉也。其
人，披髮穴居，不衣履，言語與台番不同。頭人出入承牛，牛大如象。其
妻善爲蠱，有商船往，交易不平，輒以蠱食之，不可救。其地無船，以老
樹之中朽者，鑿爲艇。又多漆，或以膠漆木爲舟。產海參、紫菜、珠螺、
鱔、鰻等物，海參大者四五斤，鰻丈餘，粗如盆，不畏人，人亦不捕。昔
謂其地多金銅，實則無之。恆春權設縣以前，有十餘番，遭風至恆，適龜
仔角滋事之秋，爲亂兵所殺。……」

卷末舊說：「附紅頭嶼火燒嶼」載：

「紅頭嶼，在恆春縣東八十里，孤懸荒島，番族穴居，不諳耕稼，以蒔雜
糧，捕魚牧羊爲生。樹多椰實，有雞羊豕無他畜，形狀無異台番。性情善
良，牧羊於山，剪耳爲誌，無爭奪詐虞之習，民人貿易至其他地者，攜火
槍，知其能傷人也，輒望望然去之。語言有略與大西詳相似者，實莫測其
所由，地勢，周圍六十餘里，山有高至五六十丈者。社居凡七，散列四隅
，男女大小不及千個。光緒三年，前恆春縣周有基，船政藝生游學詩，汪
喬年偕履其地，歸述其所見知此。又有火燒嶼者，橫直廿餘里，與紅頭嶼
並峙，水程距卑南六十里，有居民五百餘丁，商船避風，間有至其地者。」

以上所舉各項記載，是有關係蘭嶼和雅美族人的文字，是唯一可以得到的史料
，但都不很具體和細密。迨至民國前七年八月間（一九〇六），此島發生了一件大
事，據記載：

「有一艘美國商輪 Ranjamin 號，從星加坡航行至上海途中，在鵝鑾鼻
遭遇颱風襲擊，帆折船破，船長和幾個手水乘三只救生艇避難，其中一只
救生艇內生存者五人，隨波逐浪，漂到蘭嶼，當他們登陸以後，就被雅美
族人所發現，即以隆重的禮儀相對，一個個持槍佩刀，槍上還掛有許多驅
邪的鐵環，一路上叮叮噹噹地響著，原是表示歡迎之意；詎料那些劫後餘
生的美國水手，誤爲搶奪的野蠻人，乃向山間奔走，躲在山洞中。翌日雅
美族人準備好食物，由婦女們携帶著，男子則執槍前導，到洞中找尋那些
遇難者，但水手們又誤認是來捕捉他們，就先發槍將前導的一個族人打死
由是激起族人公憤，遂引起雙方混戰，水手死三人。」

這是蘭嶼在近世歷史，唯一發生的不幸事件。

5.近世有關蘭嶼學術的考察

有關蘭嶼在學術上的考察，開始於日本人類學者鳥居龍藏，他在一九〇二年發
表他一本報告「紅頭嶼土俗調查報告」，可以認爲是最早的一本。其後，在二次世

界大戰末期（一九五六），日本地理學者鹿野忠雄（Tadao Kano）與瀨川孝吉（Kokichi Segawa）兩人發表" An Illustrated Ethnograph of Formosan Aborigines, Vol.1, The Yami, Maruzen, 這是有關雅美族調查的第二本書。但上述兩書，記述均以物質文物爲主，對於雅美族的淵源，社會組織以及傳說，即在精神文化方面，少有提及。

繼此後者，才有梅陰生、佐山融吉、奧田或、岡田謙等學者寫過一些有關雅美族人的神話、口碑以及社會組織論文和報告。台灣在日治時期，有關蘭嶼的專論，將近百篇之多，此等論著，散刊於日本「南方土俗」、「地學雜誌」、「人類學雜誌」、「地理教育」、「民俗學」、「東洋學藝」、以及「理蕃之友」等雜誌。

迨至台灣光復，我國學人則繼日人之後，再度開始對蘭嶼做了很多調查，從事這項工作乃爲中央研究院民族學研所台灣大學考古人類學系，及省立博物館等幾個單位，其中最著者當推衞惠林及劉斌雄在一九六二所發表的「蘭嶼雅美的社會組織」，它是研究雅美族人家族形態，社會組織、經濟結構，以及禮俗習慣最早而又最詳盡的一本專書。

此外，有關雅美傳說及其他的研究，尙有陳奇祿、林衡立、許世珍、Inez de Beauclair、任先民、鄭格、陳國鈞等諸學者，論文多刊於中研院民族學叢刊。

蘭嶼計有六個聚落，陡峭的河谷山境，從海灘在半哩內直昇數百呎高山，住屋都是倚山面海而築，圖爲椰油社景色。

6.雅美族的移民

　　民族淵源—— 根據瀨川孝吉的報告，認爲不論在語系（linguistic）或文化方面兩者來觀察，蘭嶼在地理雖然距台灣本島甚近，但雅美的族人却更近似巴丹。

　　有很多學者從雅美（Yami）的一個名稱中來尋找族人來源的關係。Yami 的一個名詞，據說是族人對自己的稱呼。Scheerer 曾就 ami-an 或 amih-an 的含義，它在菲律賓巴丹土著是「北風」之意，蘭嶼（Botel Tabago）爲甚麼被稱做 I-ami，也許巴丹和蘭嶼都是位於北方。如果這個臆想沒有錯誤的話，那麼 I-ami 或 Yami，當係暗示著巴丹半島與蘭嶼兩者之間的密切關連。因此，甚至有些學者，還確認宋代的談馬顏（Tambagam）的一個名稱，它該同時包納著蘭嶼和巴丹半島（Batan archipelago）。

　　如果遠溯至十九世末葉時期，在西班牙的古籍中，稱巴丹土著爲 I-ami 或 Di-a-mi，有時對蘭嶼土著，也用同一的稱謂。因此頗使人聯想兩地，實爲同一族。

　　雅美族人的移民是否來自巴丹，學者們曾經從雅美的傳說與地理環境的暗示，以證明其可能性。例如在雅美的傳說中，有人說從前他們祖先有一種叫做 avang 的一種大船，大約有七尋（fathoms）深的長度，可以乘坐許多人，要比今日七公尺長足可乘坐十人的 chinurikuran 還要大。他們駕駛這種船到巴丹，要和巴丹土

　　蘭嶼椰油社全景，它是人間天堂的一部，由於文明的衝擊，一切已在急劇的蛻變中，雖然一方面臺東縣府給族人們建了許多白色的房子以期改善他們的生活，但另一方面由於工業的發展，却帶給關愛蘭嶼的人們以無限的隱憂。

　　雅美族人的社會廻異臺灣本島諸族，他們沒有男子的集會所，也沒有什麼成年禮等的儀式。故此不論男女老幼，只要體能相等，都可以共同工作，可說是一個最具機動性而又智慧的社會。

著交易黃金。依照早期西班牙傳道士的記錄，認爲巴丹曾經確實有黃金出產。如果這些傳說和歐洲人的記載都是確實的話，那麼雅美和巴丹，在早期就發生過很密切的關係，至於他們爲甚麼突然中止了這種交易，頗使我們迷糊不清。

　　曾經研究過巴丹島的學者，記載中路謂巴丹土著在天氣晴朗之日，從巴丹可以望見蘭嶼的火燒山（Mt. Dzirakobak，548 M）。在瀨川的記載中，也說過今日若干雅美老族人，還依稀記憶巴丹島的若干小島名字。從這些記錄中，雖然台灣本島距離蘭嶼比巴丹更接近，而雅美的老族人，對巴丹的記憶似乎猶新。只憑這一點小事，當知兩者間的淵源。

　　從旣往的數世紀中，他們到底怎樣移民而來，是否由於季節風把他們送來台灣的東南海岸，牽涉到海流的情形，今日已很難探悉。不過，我們還有一些例證，從甕葬（ jar-burial ）的風習中，找到一些解決存疑的痕跡。

葬甕的發現—— 一九二九年間，紅頭社曾出土過一些葬甕。在野銀社同樣也發現過這些葬甕裡面留有屍骨。台灣光復前不久，在朗島也曾發掘過，只是甕中未見屍骨，僅留有數顆的琉璃珠。關於這種甕葬的習俗，只見於菲律賓群島，而從未發見於台灣本島。

研究菲島的權威貝葉教授（Otley Beyer ）稱呼此一習俗為甕葬文化（jar-burial culture），它在菲島開始於鐵器時代的末期。它散佈在菲島各地，時期約為 300-850 A.D.的五百年間。貝葉深信此一文化係傳自南中國，可能就是福建。它是先傳 Babuyan 島，然後再散佈至北呂宋以至更南的巴丹群島，蘭嶼以及 Ka-sho-to 。有謂 Kavalan 平原也發現有此甕葬，它可能也是傳自這個文化傳播的路線亦未可知。要之，我們對於更北的巴士海峽的文化史，在此是無法加以詳細的論述的。

混合文化—— 這種多種因素混合而成的文化，在今日雅美族的文化個體中，無疑地，它是帶有北馬來西亞人種的文化。最顯著的莫過於雅美所造的特殊形狀的厚板拼木舟（ppank boat ）、舟體上複式顏色與圖文，以及在梯田上所栽植的水

雅美族人沒有酋長的統治制度，但他們在一個永久性的家庭和親屬團體下卻能構成一個法人團體，並藉舉行各種儀式，團聚在一起。

芋。這些特徵，是在菲律賓和台灣本島都找不到的，而是在印尼東部的摩鹿加群島（Molucas Is.）和位於新幾內亞東面的所羅門群島（Solomon Is.）的地區，才能看到。

關於芋的種植，尤其是水芋（wet-taro），族人用以作為主食的，在大洋洲（Oceanic）較之馬來西亞更為普遍。甚至在密克羅尼西亞以及波里尼西亞都可以看到。

事實上，芋的栽培，除了西里伯斯東邊的望涯島（Banggai）和蘇門答臘西面的Enggano和Nais的邊緣，也許可以稱做「稻米馬來亞」（rice-cultivating Malaysia）。而蘭嶼在地理上，正如一塊夾心餅乾，正介於芋植和稻植兩種文化之間；南面是呂宋的梯田稻植文化，而北面却是台灣本島的粟植（millet；Setaria italica）。由於這種環境，而蘭嶼的雅美，當然變成以水芋和粟來做他們的主食了。

不過，事實上，蘭嶼的地質也是不合適於種稻的。要之，或者我們可以推測，東南亞以及其島嶼區，在稻植文化發生之前，可能經過了一段芋粟耕種文化的過程。這種古文化的外貌，也許就是和今日的蘭嶼一樣。

體　　質——依照上述，雅美族不論在地理上或文物文化上觀察，學者們深

原始社會常用禁忌和祭禮兩個主要手段來教育兒童。禁忌牢固了社會的秩序，而祭典活動同時也帶給兒童們教育的意義。

不論任何的單純社會裏，族人們的生活，都充滿了寧靜與和氣。每一個自然民族，都有正式的相見和辭別的禮貌，他們在半途相遇，大家一定打招呼。

信他們當屬於馬來系統而具較複雜的混合文化。在體質人類學上的測定，最初有鳥居龍藏，其後宮內越藏也做過一次。

根據報告的記載，族人的體質特徵，大體為低身，短鼻，若把他們和台灣本島的土著們比較，排灣族的體質，和他們最接近。

雅美族的眼睛，多屬馬來眼，紅彩帶有黑褐色，毛髮呈黑色，但也有稍帶棕黃色，面圓，皮膚褐色。鳥居於一九〇〇年最初在蘭嶼曾做過一次體質的調查，報告中曾記載有縮毛的男子，膚色亦有例外而不作褐色。學者們認為身高及其他各項，其有相當差異，可能係混血所致。

〔2 〕社會組織

1.雅美的家族形態和社會結構

蘭嶼在地理環境上，少與外界接觸，古來似未受過敵人的攻擊。由於未嘗有過戰爭，因此其家族與社會的形態，無酋長與階級等觀念。一切均在平等與共享的制

　　單純社會中人類，由於環境的迫使，爲了尋求食物，自然地大家結合起來，共同
結網；在飽餐之後，大家結合在一起聊天。一切順其自然，恐懼孤獨，自會消失。
他們都是非哲理的無政府主義者，法律在他們實在是畫蛇添足，多此一舉。

33

　　族人生產經濟，一方面建立於自然分工，另一方面保持著互助合作的傳統習俗上。平日個人單獨工作只限於採薪、編製藤兜、製陶、飼養等；但遇造船、修理水渠、汎魚期捕飛魚等，大家就參加集體性的共同工作。

度下安居樂業。

　　熱帶豐富的生產，和自然人口的調節，充分象徵著生活的富裕。更由於社會制度的單純，故易於保持其安寧生產，此也是一大原因。

　　雅美的社會組織，它包納著四個基本集團。即家族集團、親族集團、地域集團與捕魚集團。由這四個集團的存在，結合而自成一個與外界迥異的社會。

2.家族集團

　　家族集團，是雅美族人最普通而又象多的一個集團，每一家就構成一個家族。根據劉斌雄教授的調查，他們的血緣團體是父世系群（patrilineage），即構成父系世系群（patri-lineage）的基層單位是父系家族。居處制度規定為夫婦、子女、為一家的構成份子。最主要的是子女在婚前婚後的居處有變動的習慣。居處法則是從父居制（patrilcal residence），即妻子和子女都從父居，凡子女成婚以後，都要搬出老家，在父系群的宅地上，另建新居，自己從新組織小家庭制度。但他們雖然自父親家中分出，但仍舊與父族保持更大和恒久的血族系統關係。

　　這種關係是由父系世系關係推算的，與父系家宅分枝所構成。

每一個創立家系的父系世系群，雖然由一家分出了若干家，但他們的新家，原則上還是集中把屋建在舊宅附近，形成一個家宅群。由此等家宅群構成原始的父系世系群。

3.親族集團

如上所述，他們是屬於父系爲中心的氏族（ clan ），各社間都有一定數目的氏族。原則上，是父系繼嗣的，即由長子繼承，家無男嗣時，才由女嗣繼承。如家中無後，可以收養子嗣。

在婚姻制度方面，是外婚制，以嫁娶婚爲通例。如果家裡沒有男孩，只有一女時，則爲招贅夫婚。

凡是他們的親族，平時來往都很密切，在各方面，彼此都非常親暱和關切。婚喪大事，建屋造船，大家都趕來協助，共同出力，同時做主人的，也特地殺猪宰羊，同時拿出許多水芋，分送幫助的人，以爲酬禮，姻親關係愈密的，分得的禮品也愈多。這是原始社會中，相互的責任和義務而與文明會社動輒談金錢的風氣，有很明顯的區別。

族人的互助幫工是原始社會的一種集團工作方式。族人建屋，不但隨時都有親友前來幫忙而絕不計酬，即使開墾芋田或者海中尋屍，親友們定必樂於相助。

雅美的親族，普通分爲兩部份。一部份爲本人的父母、祖父母、曾祖父母、兄弟、姊妹、子女、孫子女、曾孫子女等；另一部分爲伯叔父母，以及父方母方的從兄弟姊妹、甥侄、甥侄女、從侄從侄女等。這兩部份，就是建立在血親和姻親關係之上

在家族和親族之中，他們還有一種特殊的風俗，就是結婚以後的長子出生時，做父母的和做祖父母的，都要依長子的名字，更改自己的名，所謂「親從子名制」，它是一種古老的原始風習，它在雅美族中仍保存著。

他們的名制也是很特別的，它和台灣本島各土著族不同。即本島各族名制的共同特色，都是有傳統的名譜（traditional naming list），每一族群都有祖先傳下來的名譜，輾轉因襲地被使用著，祖先的名字，常常再給予子孫命名，祖孫同諱，叔侄同名習以爲常，僅父子兄弟、母女姊妹之間，避免同名。可是雅美族則反之，他們是沒有名譜的，每一個新生的嬰兒，由其斂祖給他取新名，劉斌雄教授稱它做「創新名制」。

台灣本島的土著，個人的名字都有男女之分，而雅美不然，他們男女名字都可以互助，如果只聽名字不看人的話，就不知是男女。

雅美族人的命名頗爲特別，他們有正名和副名兩個名字，正名是長期使用，副名只是準備遇有同名的親屬死亡時，避諱其正名而呼其副名，有時也有索性把正名廢掉，而以副名來代替正名，故此副名也可稱爲備用名。

族人的名字，都是代表著一個命名時，特殊的動機和含義。例如椰油社有一個男子，他的正名叫 si-opagun，意思是「孤獨的孩子」；副名叫 si-kasomulan，意思是「善於捕魚」。合起來他的名字就是「善於捕魚的一個孤獨孩子」。又如另一個例子的正名叫 si-malaos，意爲富家子弟；副名叫 si-baklan，意爲銀帽很大。合叫起來就是「富家子弟的銀帽很大」。

他們的名字都帶有名詞或形容詞，例如漂亮、精神充沛、光輝、成功、精明能幹、不猶予、繩子、珠串……都可以作爲正副名字上的取義。

4.地域集團

地域集團，是他們一個固定性的居住集團，共分六個。他們所居地域，即爲部落，旣往稱爲「社」，現在稱爲村。這六個社（村）各自分散，而聚集相當人口，住屋密接在一起，都是背山面海，同一建築式樣，從來沒有一家人離群獨居。

各社之間，在祖代時期，便劃分好社界。每一社的居住地、耕作地，芳草採集，陶土採集，船塗料採取溪流、漁區、葬地以及禁忌地等，都屬於全社的資產，鄰社對此彼此都不侵犯。

在這種地域集團中的社會，可說是一個自給自足的一個社會。由於他們千數百年孤立在海中，幾乎所有他們的衣、食、住、行、工具、禮器、飾物，沒有一件不是自製的。

他們的社會分工，還是停滯在自然的分工階段上。性別上的分工，例如捕魚、

　　人口問題、公害問題、經濟問題和思想問題，使我們一無倖免地遭受傷害，人們
獲得眞正生活空間，今日剩下來的不多，蘭嶼當是人間的天堂。

　　原始經濟都是建築在互惠合作的制度上，圖示新船落水禮，船長坐在船上，由船員合力把船撞到海邊。他們的生產是屬於集體性的，汛魚期所有收穫可以共享。

造船、製陶、冶艮、兵器、埋葬、彫刻等工作都由男人擔任。種植、採具、炊事等由婦女擔任。

老幼之間的分工，少年期大都採集野果、放牧、汲水等；老人則以從事藝術工作爲多，例如彫刻、打製銀兜、製魚乾、裝殮，幫助造船以及主持祭儀。

地域集團中，許多工作是需要互助，而且需要長年的時間，許多事都要予先安排，輪流幫工的計劃。

5.捕魚集團

捕魚集團，同時也是他們的一個祭祀集團，在雅美的社會中，是一項非常重要的組織，其所以形成有這個捕魚，可說是由於地理因素之所致。

蘭嶼乃以捕魚爲其主要生產，每屆漁季，是年中重要的大事。由於個人或家族捕魚，旣費氣力，所捕不多，故此就很自然地由地域集團中的族人，自然地會結合成若干小組，組成集團。大船可乘十人左右，這些人大致是由親族組成，大家在一起造船、結網、管船，並且在一起祭祀，一起乘船出海，共同捕魚。捕到魚隻以後，平均分配。

這種集團工作，也正是象徵著原始會社中的互助的精神與共享的制度。在飛魚汛期，甚至各社所有的漁撈結合組成一個龐大的漁隊，共同使用同一個海上漁區，自始至終，都是以整個部落單位來舉行。

他們的集團生產方式，簡明地可以分爲兩種性質，其一是與土地或漁撈海域的財產有直接關連的集團生產工作，動員範圍是以地域化的父系世系群爲基礎；其二是與土地或海域無直接關連的互助方式，例如建屋、開墾等工作，參加人員是以每一個當事人爲中心，而展開的血親、姻親乃至於鄰人、朋友，都可以自願或被邀請參加幫工。這些幫工者完全屬於道義，並不要求酬勞，或分享任何生產的利益。

雅美族雖然沒有像台灣本島土著的頭目、或酋長組織，但他們對於生產方式和財產所有，却有一套不成文而又複雜的規定。

最明顯的就是天然資源的分區。這些資源，都是屬於部落的公有財產，而雅美的部落，也是一個經濟活動的社會單位，但不是一個頭目統一的領袖制度。凡是山林、水源、溪流、漁區都是一個社的公有財產，社與社之間，是絕對遵守而互不侵犯。

社與社之間的疆界，不只陸地上分得很清楚，卽使在海上的漁區，也是不混淆的。這些先占權到底是誰決定的，近世的子孫固無所悉，無疑地，他們都是遵循累世的承傳（ collective inheritance ），一直延續到今天。

關於分界的方法，劉斌雄和衛惠林兩教授，曾經做了很多的工作。卽雅美族人對於陸地的土地財產諸如溪流、山林、採集陶土的地域，部落基地等都有一個專名。每一位老人都能指出每一塊土地的邊界，和說出每一片土地的地名。一旦還有越界或發生爭執時，由各社的長老們出面大家指證，一下便立刻可以解決。原始社會的人們，大都率直而忠厚，由於禁忌而絕無說謊之事，只有在文明社會中才充滿了

偽善者，故此才有法律的法院的設立。

　　由於漁區係在海上，故此他們則以沿海的岩石爲標記。每一處標石尙有近海與遠海之分，大致以能游泳、潛水捕魚的距離叫近海，必需乘船以網捕魚者爲遠海。

　　財產標記可以分爲私用和公用兩種。但也有屬於例外的專爲「承傳」的財產，在大船下水禮時，飾於船首的飾杖（ipatsikakat）就是一個例子。亦即大船雖然係屬於漁船組織，但在舉行落水儀式時的祭器卻是屬於父系世系群的共同財產，這種飾杖，是代表著這個父系群的榮譽象徵。

　　最有趣的，就在族人在船體上彫文，以爲其財產標記。每一社每一漁船組，各自使用其多數船員的彫文，刻在他們的船體上。這些刻文和該父系群各小船的彫文也是一樣。而父系之名，常用以爲漁船的船名，由船體彫文，可以確定這種漁船船體文，是象徵父系世系群共有財產的一種標記。

　　在蘭嶼，族人們養豬養羊都不像我們，把牠們圍在獸欄裡，而是放牧的。

右圖：族人的一年有四次歲時節日，例如在捕飛魚工作結束時，各家以自己曬好的魚乾，加上一些水芋、蕃薯等，送到各親友的家裏。在某月的月圓後的一天，也有互送禮物的風習。

左圖：對於象徵財產標記，既往我國劉斌雄研究甚詳。漁船刻文，每一社每一漁船組使用其多數船員的文樣刻在船體上。圖中A爲波文，B爲尤牙文，C爲稜文，D爲邊線文，E爲叉文，F爲人文，上列均爲標記的基本文。G爲較特別而稀見的魚文；H至M爲伐木標，族人找到造船的樹木，就用小刀在樹幹上刻上標記，表示已屬於他的。

40

在海洋民族中，許多島嶼地區的族大都只有養猪和鷄狗，但在雅美族人，養羊的習俗卻特別普遍。山羊在蘭嶼是很自由，每家的羊，都有傳統的財產標記。方法是把羊耳剪成一個缺口，偶爾還有一個圓孔。有些只剪左邊或右邊的耳朵，也有兩耳都剪缺，依左右和單雙，因此變化而成爲各家的特定標誌。至於如羊群越界跑到別的社區吃草，是不抵觸其無文法律的，也許只有猪羊在蘭嶼享有最自由的權利了。

6.分享與饋贈

在原始社會中，最顯著的行爲就是共享和饋贈。雅美族人對於私有財產的觀念雖然相當發達，但常藉供公私諸種儀式的機會，以擴展其祖先的美德，把家中的糧食拿出來共享，也彼此互相饋贈，以爲敦睦族人間的一份親情。這不僅見於蘭嶼，即其他Yat Island等島嶼區，都有此良好的風俗。

饗讌是藉借私事，邀集族人們到事主的家裡，一同享受餚饌。收穫時節，把得來的食物，即使不是舉行甚麼儀式，也有把部份食物，分配給較窮的族人來共享，這所謂純經濟性的分配。

純經濟性的分配，即是個人生產所得，也絕對不歸個人享用，而必需以部份分配於族人。例如粟田自開墾以至收穫，是由每一個父系世系群的男性集體來工作。故在收粟祭的時候，全世系群各家派出二、三人，參加收割，把收割下來的粟運到族長家裡。然後再選定一天，再集合在族長家的平台上，把粟拆開，依人口平均分配，剩下的部份，備作祭典時應用。

其中尤以「禮芋」（pinatadua）的共享分配，更無親疏遠近之分。只要有儀典，大家都可以享受到猪肉、水芋和粟之類的食物。

7.財產的繼承

蘭嶼燒耕土地的開墾，在種植一次以後就休棄，所以這種土地，沒承繼問題，翌年誰來重耕，也都是集體族人的問題。

至如薯田、芋田和燒耕不同，它是屬於一種定耕的土地，大都有以立石爲界，它叫做（piawawan 這種水田和土地，是可以承繼或轉讓的。

家屋是單位家族的財產，原則上只有一代使用，不能分割，也不能承繼。父親在生之日，始終是這所屋子的主人；父親死後，只有把屋拆掉，兄弟們分有其建屋材料，但長子可以得到中柱（tomok ）的權利。如果父死母親猶在，母親可以保留房子，和最幼的兒女同居。直至幼子結婚另遷他屋，母親才改依其長子，留下來的家屋照樣可以拆毀。

能夠作爲承襲的財產，只有祖先傳下來的東西，諸如傳家寶的陶罐、木刀、彫像（babagot）、花綵（teitlelirajen）它是在一幅藍布上，在邊緣綴有猪牙、貝珠、瑪瑙、銅鈴等的禮耒。這些東西，劉斌雄教授統稱其爲「禮標」，即舉行典禮時誇耀的標誌。

原始社會大都為共享主義，不論是魚穫或者農耕，彼此有所收穫時，對自己的姻親或好朋，都喜歡分送一點以為共享。即使只有一條小魚或一盆小豆，也把魚切成小塊，小豆各一撮，一家一家分送。

蘭嶼是位於暖流和黑潮的地區，是魚羣天然的集合場所，故海中魚類特別多。族
人以原始的捕魚技術和原始工具，在飛魚季節，每年估計能捕近萬公斤。

　　大凡每個家族都擁有類似禮標財寶，例如艮兜（vulagat）、木兜（saikop
no kaju）、胞飾，甚至一條彫文的小漁船，一個蒸桶（mamoran），一個魚砧
（sasaurin），都是由長子承繼，但兄弟之間，遇有大事，還可以向哥哥借用。

　　家畜中的豬、羊和鷄，因爲牠們只爲祭祀而養的，故此父親死後，兄弟可以平
均承繼。

　　關於個人儀態、品格、榮譽等的財務，例如工具、武器、籐兜、籐甲、魚槍等
，都是個人的財產。女子方面如紡軸、織機、針線筐等，都是女子的私有財產。它
是屬於直系承繼，是不能分割的。

　　雅美族人有一個奇異習俗，就是可以貝殼、琉璃珠等的裝身具作爲交換豬羊，
但從不以食物——芋、薯、與魚乾等——用來交換東西。也許食品是共享的東西，
故不應以之作爲交換品物。從這一點小小的觀念，當可看到雅美族人與生俱來的那
份美德。

〔3〕生死禮俗

1.生育

　　在一般原始社會中，均視婦女的月事或生育爲污穢，故當婦女生產之前，常另
建屋以居。但雅美的習俗，雖未有完全另建產屋的習慣，但常常不在正屋中分娩，
當母親腹痛不止時，就把她遷到工作室裡去，躺在木板上分娩。

　　當產婦陣痛時，只有社內專門替人接生的婦人在旁照料，丈夫和其他人都不可
觀看。嬰兒墜地後，由老婦拿一竹刀，土語叫 iapan gutgut sopusud（竹片削

　　據說蘭嶼的人口，自臺灣光復以後，一直增加不多，原因有人認為族人的養育方法不當，或兒童的出生率不高。但筆者卻認為這是天然淘汰，如果像我們本島毫無節制地每小時出生四十八個，蘭嶼的人口將又如何去想像。圖示可愛的雅美兒童在涼亭中嬉戲。

成有鋒口的竹刀），這刀長約四、五寸，非常鋒利，用它來切斷臍帶，用蔴繩紮好臍眼，並用豬油塗在臍眼上。產婦的下體，也要塗一些豬油，認為可使傷口易於癒合。但也有嬰兒出生後在臍眼塗一些灰鹽消毒，而不綁臍眼的，故此出生的小孩，死亡率很高。

　　切下的臍帶和胎衣，收拾乾淨，埋在燒食物的屋外，挖土淺埋。這時嬰兒和產婦，用溫水略略洗淨，休息些時。其時丈夫已準備妥當，戴銀兜盛飯入內，行祝福的“Sabuiin”儀式，用椰壳所盛泉水，撥幾滴在嬰兒頭上，口中唸唸有辭，意思是祝福兒子猶似溪流的不息，一生鴻運高照。

　　第二天，家裡就宰豬或羊一隻，並備鷄魚豐饒以為酬神。生男的就是酬謝女神 Shinammanilai，生女的就是酬謝男神 Shinangajijinan 。祭拜完畢，將一半豬羊與鷄魚水芋等，送給接生的人，作為酬勞，其能一半，請些近親和家人同吃。

　　產婦在一、二天內的飲食，只給她一些流質的東西，如魚湯和肉湯、芋梗湯等，第三天才給她吃粟粥和小量鷄肉或豬肉，但忌食魚肉。休養了五、六天，就起來照常工作。

　　嬰兒出生後十天，就要命名，這天還要一個大日子，故此又要殺豬宰鷄，宴請族人，歡敍一番。

命名的名字，如前章所述，都是有含義的句子，富貴、有福、大樹、巨石等。但也有故意取壞名字，如貧窮、送人等，認爲用低卑意義的名字，不致引起別人的嫉妒，如此可以保身納福。

　　雅美族人生有子女後，如爲長子，父母親和祖父母的名字都要更改，改爲某某的父親，某某的母親；某某的祖父，和某某的祖母。如前章所述，所謂「親從子名制」。這種制度，在東南亞各地，有不少民族通行。

　　男人在休閒時期，除了應做的工作外，還得替女人在家看管孩子。他們對家庭情境的心理社會反應，正是顯示出意識和潛意識底心靈領域之間人性的根本，這在文明社會裏是不常出現的。

至如曾祖父母，則可不必改名。例如子名Yaboga ，即「心好誠實」之意，他的父親則改名爲Siyaman Si Yaboga ，前面的Siyaman 乃父親之意，Si是人稱冠詞。其母親改名爲Sinan Si Yaboga ，Sinan 是母親之意。其祖父改爲Siyatspon Si Yaboga ，Siyatspon 即祖父母之意。

倘若所生的長子不幸死亡，這時就要按次以所生的次子的名字，再來換名一次。要是完全沒有兒子，這時父母只好再恢復原來的名字。不過既已一度改過名字，就不再使用舊名，而自然要用新名，這已成爲他們的通例。

若在生育時遇到難產，接生老婦一時就束手無策，往往用竹刀割腹，將嬰兒取出，但是產婦都已死去，留下的嬰兒，由於照料不足，最終亦多死亡。像這種情形，即發生過不幸的家庭，丈夫雖欲再娶時，別的女子都不肯嫁給他，認爲這一家一定有鬼作祟，不可再去。

凡是雙生女，他們認爲最後一個出生的，不論是男或女，都是惡鬼降生，必定把他殺死，用布包好，由父揹到墓地拋棄，或埋在土中。這種迷信殺嬰的風俗，亦見於台灣本島諸族

2.婚姻

雅美族婚姻叫masiragpit，以一夫一妻爲婚制，故此一夫多妻，一妻多夫都是禁忌，可是對戀愛，就可以採用自由方式，一旦結婚，就强須嚴守貞節。

他們對婚姻的結合，有若干規定，即近親和仇家都是禁忌。大凡原始社會雖不知優生學（ eugenics ），但却了解近親生下來的嬰兒 是不會健全；仇家相婚，則認爲帶來不祥或致親族不睦。此外如叔與姪媳或姪與嬸 母相婚，則視爲一種羞恥。如果男女一定要强行這種婚姻，就必須舉行攘祓儀式（ mikawa ），宰豬祭祀雙方的近親亡魂，把兩人原來穿過的衣服和器物，棄之棄 穢的地方，表示過去全 都不算，現在是重新的另一世人。

在雅美族人社會還有一個特點，就是女少男多，故社會上，頗有女尊男卑的現象。女子常有絕對婚姻的特權，去選擇她的配偶，或者決定離異。

男女戀愛是很自由，社會和父母很少管束這些事。只要雙方性情相投，即可成爲配偶。故常在婚前 發生性關係，有些學者認爲這是試婚，但在形式上，他們的試婚稍與北呂宋諸土著族不同，因爲蘭嶼沒有特定的處女屋作爲男女試婚之用。事實上，他們的這種試婚還是嚴肅的，大凡有試婚制度的原始社會，從來沒有發生過强暴事件，反之，只有文明社會，才有姦殺等行爲。

男人的初婚期是二十五至三十歲，這是指能够自己一人，獨自駕駛小船出海捕魚的時期。女子的待嫁期是十八至二十歲，能够織布與種芋的時期。大致配偶都是男長於女。雅美社會中還有停婚期的習慣，普通男子六十歲則不可再婚，婦女五十歲就不可再嫁，不似我們文明社會，七、八十歲的老人還有娶十七、八歲的女子爲妻，這種反生理的行爲，如果他到蘭嶼，就會被視爲 anito 了。

蘭嶼的海岸，大部都是大小的礁岩，很少有泥土。因此所謂埋葬，與其說是土葬，毋寧說它是石葬更為妥切。圖示朗島社石葬的一例。

　　雅美族人很少做表面工作，故此的婚姻儀式非常簡單。女子愛上男子時，此時即告之父母，成婚手續，大都由母親出面，先托親族為媒，來至女家提婚事。如女家完全承諾時，男家代表將備好的瑪瑙珠一串，約五粒至七粒，肘鐲、和其他手飾、銀錢，贈給女子作為聘禮如果女方接受這些禮物，就是表示婚約的成立。但也有事前父母令兩人到海邊拾貝，這叫做貼占是人婚姻的凶吉，如果一方無所獲，就是表示不可成婚。不過撿不到貝殼的機會是很少的，它只是成婚前的一段有趣插曲。

　　翌天，女子盛裝由她父母帶領至男家，還一些水芋兩方親家交換。女子進入男家門口，只是對男家父母叫一聲「爸爸、媽媽」，稍坐片刻，便可以獨自離去，到鄰家找女孩子去玩，此時男家宰豬或宰羊一隻，一半送給女家帶回家，一半給男家兄弟親族，這表示訂婚手續已完畢。

　　結婚也是沒有儀式的，也是男家要先再準備婚宴，殺豬一頭，山羊一兩隻，羹水芋、魚乾等，同時把女子接回家一同宴客，以示慶祝之意。

　　族人的離婚，更為簡單，因為女子有自由離婚的特權，故此離婚多先出自女方的意思。同時女子離婚後再婚，也沒有什麼特別的禁忌所限制，甚至男方有時還要賠償一點禮物，她自己的財物，仍是可以帶回母家去。她一出男家的家門，離婚就自然成立。

　　離婚時若已生子女，則長男多由父方帶領，女的由女方的母親領去。

　　族人已離過婚的再娶或再嫁，以及已死的配偶的，需要續弦或再醮，只要離婚手續辦好，或死者埋葬後，如有合意的對象，立即可以續婚，不必像我們文明社會

要等待帶孝完畢才能婚嫁。

　　唯一的象徵，就是族女在離婚或丈夫死後，他的髮式是把它梳成螺狀，偏於一邊，這是表示喪夫的女子。但她這時，仍然可以穿著未婚少女同樣的衣服，懸掛各種的裝身具和穿新衣，以引誘異性的追求。

3.喪葬

　　土葬與崖葬——雅美與其他原始民族一樣，認為疾病是因為著了魔，但對於死亡，則更甚於其他民族，即使對於病重昏迷，也認做死亡。由於過份懼怕亡靈，故對死者，除係近親外，其他的人都不願接近屍體。

　　人死後，不敢停放太久，大都當日或次日，就把他送走，葬得越快越好。他們不敢多動屍體，沒有沐浴更衣之習，也不同棺木裝殮，只屈其四肢，作蹲、坐狀，然後用akaba麻布包裹，用蔴繩捆緊，由死者的近親，抬出屋外，其他親人則手持長刀，身披冑甲，到屋外或爬上屋頂，揮刀叫嚷咒語驅鬼，然後把屍體抬到墓地埋葬。

　　從朗島社遠眺麵包山，是該社族人墓葬之地。雅美族與東西南其他地區相同，大致自然死亡者行土葬，嬰兒夭折者行海葬，而意外死亡者行崖葬。既往在麵包山上常可發現屍骨，如今此種葬禮已廢止。

蘭嶼海岸的巨大嶙石，這種石灰岩巨塊在菲島和馬來半島都可以看到。但在臺灣本島，則僅見於臺東海岸。因此學者們相信臺灣的東海岸、蘭嶼、巴丹列島以迄呂宋都是屬於同一列的火山系統。

雅美族的葬法有土葬、崖葬、水葬等。以及第一章所述之最後所發現的甕葬，它雖有發現自蘭嶼，其數目雖然不多，但却使葬制的研究，益形複雜。

大凡一般的自然死亡者，乃視為善死，則為土葬；品行不良或無子女近親者，多為崖葬；少年夭折，嬰孩死亡，多抱至海岸岩礁下，拋入海潮中，即為水葬。

土葬和崖葬時，送葬的人都是男性家屬，穿著武裝，手持刀槍，風氣嚴肅，由親人揹在肩上，或由兩人用長板縛屍互抬，五、六人隨後送葬，女子和其他朋友概不送喪。土葬的地方大都是固定的，大多距社一、二里的海邊林木密集的地區。族人認為此等地區多有鬼魅出現，經過墓地時都一語不發。

土葬的葬穴挖成方形，老年人深約五尺，年輕人淺至二、三尺，用四塊板子圍在土穴四邊，像一個棺材的樣子，再用檳榔葉掃淨，將屍體面向東，腳底朝西，但使面部稍稍俯下，不要向著太陽。族人認為面對太陽，死者不舒服，將會變成凶鬼，出來害人。放好屍體後，掩上泥土，也有在掩土前，在上面放一些竹枝，交叉架成探狀，其上再覆草，繼之掩土。為了紀念死者，在掩土後，其上再堆置大石二、三個。

掩土完畢，大家持槍吶喊驅鬼，並用刀向林中亂刺，高嚷一陣子，很快地離去。一路上還得揮刀趕鬼，走至半路，把帶去的用具拋棄，又路經小溪時，用溪水洗滌全身，路遇熟人，也不打招呼，唯恐秧禍於他人。到達死者家中後，送葬的人又用刀槍，在家的周圍逐鬼，並高聲喝鬼不可進來。叫畢，再到水田取水芋三個，起

　　雅美族早期的墓葬，乃在沙地上掘一土坑，深約三、四尺，將裹屍置穴中，為防沙土的崩落，周圍以木板檔土，上蓋竹枝或木板，覆土，再置二、三大石頭於頂，以為紀念死者，葬後翌日，親人再到墓上，豎立一根樹幹，上吊小石及貝殼以為墓標（右圖）。此等儀式，目前已甚少見。

**　火羹熟，羹好後，送葬者分食一個；一個丟到戶外，嚷道：「吃吧！死者是可憐的！」另一個芋由死者家族分食之。**

　　這時死人家人的哭聲，至為悽切。送葬者最後把死者衣物及椰壳等用具，取至屋外拋棄，認為可由死者帶走。再在全社各戶人家房屋四週撒些木灰，以防凶鬼入屋，至此喪禮才算結束。

　　喪禮結束後第三日，死者家人還有在悲泣的，其他親友這時才能喪家慰問，同時族人這時再到林間伐取樹枝一根，高約一公尺許，上部接一橫短枝，作成Ｔ狀，另用小麻繩繫螺六、七個，螺殼大小不等，再把它掛在樹枝的叉枝上，這就是墓標。葬者把它插在坟上，這時葬禮才算眞正的結束，從此族人永遠不會重來墓地察看。

　　另一種土埋，較為恐怖者，就是因復仇未遂而身先死的人。即他死後，近親用布包裹後，抬到墓地埋葬，但只埋他的身體，却把他的頭露出地面，意思是讓他監視仇人，等待著隨時索還血債。

崖葬的屍體處理與土葬者相同，也是屈肢，用繩捆縛裝入麻袋，揹到山崖，棄置崖上或崖穴中，任其風化。

崖葬本是古代東南亞各族的葬俗，甚至大洋洲一部的民俗也是如此。凌純聲教授曾做過很詳細的報導，今日的蘭嶼，此種葬法雖已不見，但在東南亞及大洋洲地區，仍然實行著。

關於蘭嶼崖葬，陳奇祿教授曾經也有過記載：

「紅頭社的東邊，越過珊瑚礁，可能即爲 Imoryod 舊址 Dimasck……

「……由椰油社越過墓地，在海邊發現人骨，或爲棄屍之風。……」，「由椰油社經一個漢人所經營的雅美的開發公司，和台東族人的移住戶居地，沿著墓場南側的海邊去，越過一處高約丈許的石堆，轉向墓物北側的海邊，未見屍骨，可能已爲水冲去。……」。

「二人指稱其西方的大岩石的腰部處，終於發現了崖葬的遺存，亦即日人國分氏之所發現者……」。國分又記載他當年發現的記錄：

「當我們泊宿椰油社，一九四七年七月八日那天，調查團團員金子壽衞星告訴我，在距椰油社約二千公尺的叫做 Igan 珊瑚礁中的大岩石的某地方有人骨出現。我們便到那地方去，在 Igan 的一處狹窄崖緣上，看到很多爲風雨所曝洗的新或舊的人骨。這座崖緣不但徠峭而狹窄，且爲風雨所衝擊之處。故在暴風雨的季節，想極很多屍骨曾被吹失。事實上，我們所見屍骨，多分散於崖緣，或高懸於峭壁之上。但我亦發見有較新的屍骨，包紮以麻布置於木板之上，未紮在一起，或釘在拼成的棺中。除麻布外，我們於棺中未發現他物。但在崖緣上，我們發現雅美族人用以調製豬餌的木槽。」

關於這種葬俗，國分根據雅美族的一老婦的報道記稱：

「……在椰油社，當一個沒有親人的人在垂死時，這人便被紮起，在尚奄奄一息的時候，便被抬到 Igan 去，他們把他揹至崖緣之上，身上蓋以 abaka 布。族人叫置屍的懸崖做 pamimilinan，其義即曝屍。當那些抬著垂死的人，囘來的時候，他們搖拂著林投子，唸道「Yaun waabonom-aigun, anito waabon o-mai」意爲我們不爲疾病所侵，死靈不要來打擾。」

「在他們向村落行進時，他們叫『iboin的池水中沐浴。當他們抵達社中，他們載著銀兜，繞著死者的住屋，揮刺著長槍，叫道：『Yawawalai！』。」

「最後，把抬垂死者之板，棄之於海邊，自海邊囘來時，他們到田中掘芋，咒道：『Uyarano okaninmo amjik anagai』，意爲我們獻芋於你，勿再來。」

除椰油社外，其他的社也有崖葬的習俗。不過，族人對崖葬之地爲禁忌，多不願外來人窺其神秘，也不願帶路前往。

傳說族人古時的葬法，只將屍體平放在板上，並不加繩縛，背至葬地隨便擱置地上。可是有一回，死者送到墓地之後，夜裡甦醒過來，蹣跚地跑囘社中，象人誤認他是凶鬼囘來，大家就持刀把他打死。以後爲了避免這種事再度發生，所以在人

　　人類信奉精靈或其他具有魔力的事物，是相當古老的一種信仰，即使人類進化至高度文明，對於祭禮的迷信，仍不能磨滅。文明社會的輪船下水要擊香檳酒瓶，單純社會的漁魚下水，同樣地要用moron做裝飾，護符與祈福，確能產生特殊的力量。人們在生活上，通常都要準備多種的護符，以應不時之需。

死後，一定把他捆得緊緊地，並屈其四肢，使其無法動彈，不致再活轉回嚇人。

　　埋葬的人回家以後，睡時如果夢見死者，認為是不祥之兆。遇此情形，翌日早起，就要全身武裝起來，手持刀槍，趕到死者的葬地去驅鬼，用槍向林中亂刺，大喊一陣，使靈魂不致再纏他。此外，也有翌日起來，穿胄甲，手持槍，還拿些破布和土器，猪羊肉等，走到社外的十字路上，或墓地上置於地上，以祭死者，並大喊：「這些給你，鬼拿去吧！」他們平時患重病時，也有用同樣方法來祭祀鬼魂。

　　至於死者身後遺產的處置，大都把它扔到野外。他的住屋、漁船、田地等則由其兒子或近親承繼。此外，送葬時揹運屍體者，由於也是近親，也可分到一半的遺產作為酬勞。

　　根據劉斌雄教授的蘭嶼墓地調查。茲將其地點列後，以為讀者將來作實地的探測和參考。

　　蘭嶼專葬未成年人的墓地，係在野銀社的Kanitunwan與Pamililinan比連的一個地區，位於該社北方約一公里處，即從野銀通往東清社沿海道路的西側。

　　族人棄屍的地方，乃依各社的地理環境不同而異。椰油社為利用臨海的大岩石的崖緣；漁人社係利用崖陰或崖洞；野銀社選擇臨海的隆起山珊瑚礁。

　　凡是生後不久的嬰兒夭折，即棄屍於岩礁洞窟中，讓漲潮時把他冲去。

　　棄穢處（parurunan）位於Pamililinan 南端的小叢林。捨棄死去嬰孩的

搖籃的地方，是位於Kalutsilitsapan 的西南端處。

　　大凡自然民族視墓地均為禁忌之地，族人大都不願外人前往，或為外人領路。上述記載，當可作讀者自行探索參考。

4．呪術與禁忌

　　呪術─在一般原始社會中，呪術和禁忌往往就是維持社會秩序，相當於文明社會的法律觀念。雅美族人自亦不能例外，他們非常信賴呪術，或藉呪術以保障自己的財益。

　　呪術是與禁忌（ taboo ）相通的。凡欲主張自己權益的地方，都要在那裡安置呪術，以防別人的侵犯─誰來侵犯的話，誰就馬上招致災禍。這種呪術，也就變成了一種禁忌。

　　雅美族在船體上彫刻的標誌文，以及在羊耳上剪缺的標誌，它並不是只有文樣底外表的形式，而是同時加進了呪術的作用在裡面。其情形猶似古埃及法老王咨丹卡孟（ Tutankhaman ）的墓陵一樣，它的呪術魔力，誰來發掘就使誰死亡。

　　雅美的呪術常施行於新船舉行下水以前，新船長宰猪羊對亡靈作祭，大群人還

一羣族人鬥士，頭戴藤兜，上身穿藤甲，手執長槍，顯示著社間械鬥的堅強陣容。

要圍著新船作驅鬼舞，以爲保佑漁船，不致爲鬼作祟在海中翻覆。

至於標記上之加進呪術，毋寧說它是無形的呪語使之變爲有形的標記化，這種標記，相當於我們道教中的符呪一樣，具有同等的驅邪威力。族人的伐木標記和水田中的界石，都是有符呪的魔力。

雅美族人的唸呪者，大都爲鰥夫或有殘缺的人來擔任。法術使用：「籐葛」、「檳榔葉掃把」、「蜥蜴」、「紅石子」，及木炭灰爲五種呪物。呪辭大致是：

「誰來動此，他的第二代絕死！像掃的那樣乾淨！全家倒地，像刀切去山蕨的頭，像紅石頭一樣，一齊死了。像這柴火一樣，熄滅了再也燒不起來！」

因此族人對於既成的標記，都不敢亂動，這是禁忌，誰觸犯就招致疾病、恐懼、不安，或死亡。

雅美族人不似他族，他們是沒有專職的巫師，故此沒有有效的嚷袚呪術。他們唯一的法寶，可能就是槍矛。例如他們有時因賠償所擧行的嚷袚會食儀式，就是大家用槍刺殺一頭小猪，燒熟了，大家把牠吃掉，就算是賠償了。槍用以驅邪，也稍有嚷袚功能。

禁忌——自然民族對於無形的超自然力的存在是深信無疑，由於信仰，因而產生了禁忌。

雅美族人不論造屋、造船、捕魚、生育以至死亡，都有禁忌。此一情緒也是保持道德的根源，以爲全社共同遵守的禁例。陳國鈞教授的禁忌調查中記載：

捕飛魚是族人最重要的作業，在這時期禁忌很多。

1. 不在海岸用漁網、魚槍、或鈎竿捕魚；

2. 不可投石海中；

3. 不可在溪水中洗滌食物；

4. 盛產期五月下旬至七月中旬，捕魚男女在晚事集體睡，不可與女子同床；

5. 夜間同去捕魚，以目示意，不可談話或高聲呼叫，否則魚量會減少；

6. 捕得的魚，要先把魚眼挖出生吃，恐其逃脫；

7. 不可吃掉落在地上的魚；

8. 吃魚時，要把剩餘的魚和芋，再羹一次，否則會患膀胱腫；

9. 不可吃燒的魚，否則會患膀胱腫；

10. 不可用刀來切魚尾巴、鰭、胸等，否則捕不到大量的魚；

11. 曬魚時，各家要用竹來圍繞，別人不可走進竹圈內；

12. 捕魚時，不可說豆，柑等話；

13. 夜間出海之前，要用炭灰撒佈船內；

14. 捕魚時不要吃螺肉、生薑、豆、柑等物；

15. 曬魚時，別家不可用石子丟；

16. 曬魚時，魚不可掉落在地上；

17. 曬魚時，別社的人不可入社，更不可以投宿社內；

18. 吃魚要整條吃，不可切碎；

19.他社的魚不可吃；

20.本社捕得魚隻，只可在社內互送；

21.捕魚時，各社劃分固定地區捕捉，不可侵入別區；

22.十人共捕之魚，十人平分，不可多得；

23.捕到的魚，不可對外出賣，否則以後捕不到魚；

24.家中保存的魚，須先吃光，再吃飛魚；

製造陶器，是族人年中例行的工作，也有一些禁忌：

1.製造陶器，不可與人爭吵和打架，否則土器用時很快會打破；

2.取陶土時，女子在旁不可動土，否則土器易碎；

3.燒陶時，不可中途去大便，否則土器易破；

女子懷孕的禁忌：

1.孕婦須在家待產，不可以進入別人家中，或進入別社，否則胎兒會被鬼作祟；

2.孕婦不可坐在漁船上；

3.孕婦不可吃雞蛋。

日常生活中，也有一些禁忌：

1.不可在社內惡意罵人；

2.不可打罵小孩子；

3.不可在家內呼叫死者的名字；

4.不可在家中和女子開玩笑；

5.不可砍伐墓地上的樹木；

6.東清社東北方的山林是神地，不可伐木，不可移動石頭；

7.經過墓地時，不可抬頭張望，不可吐痰，不可大聲說話，入社前要在溪流中把身體洗淨；

8.不可吃鰻魚和青蛙，否則會葬身魚腹；

9.宰豬要先把豬鼻割掉，女子不可吃豬鼻；

10.男子不可吃豬胸前的薄肉；

11.所捕的魚，分為男人、女人、老人、小孩吃的四種魚，女人吃的魚，人人都可吃；男人吃的魚，女人不可吃；小孩吃的魚，女人不可吃；老人吃的魚，男、女、小孩都不可吃；

12.男子不可和女子一起跳舞；

13.女子不可在白晝跳舞；

14.請客吃飯，男女要分開；

15.造屋之前，其家不可宰豬羊；

16.新屋造好，一定要唱歌；

有關死者家族的禁忌：

1.喪家周圍要結籬笆，以防凶氣的蔓延；

2.插槍於主屋之上，槍光朝外，以防惡靈侵犯；

3.喪葬期間，家人要隨身帶小刀或長刀，老弱者要穿麻衣；

4.喪葬發生後，頭一次燒食，忌用舊爐石，和燒過的木柴；

5.只許吃水芋，但不可吃舊存水芋，要到水田中新採；

6.喪葬發生後，頭一次燒食的器具，用後立刻要丟掉；

7.從外邊回來，可在郊外溪中洗手、腳和洗臉，但忌洗身；

8.避說不吉的言辭，諸如死marakat，要改說離開了mokatarowan等。

9.第三天喪家殺豬宴客，可以並宰羊隻，但忌單獨只殺羊。

葬團的禁忌：

1.回家時把武裝脫下，要換穿衣服；

2.忌在墓地吐痰或揩鼻涕；

3.不可帶貴重金屬進入墓地；

4.墓穴填土時，忌正面朝向墓穴工作；

5.墓塚旁邊不可留下自己的足痕；

6.回程中在溪中洗滌，要等乾後才好進社；

7.回家後，頭一頓不可與家人一起進食，忌用同一陶罐燒煮食物，當天只限吃水芋；

8.一個月內不可參加捕魚工作；

一般社內的族人對喪家的禁忌：

1.忌近喪家的屋子；

2.忌近他埋葬墓地；

3.忌踏抬屍所經的道路，抬屍的路徑要用竹子圍起來；

4.在自己家屋周圍撒木灰僻邪；

5.晚上不要離開村落；

6.不可性交；

7.漁撈期間，停止出漁；

8.平時停止一切工作，在家裡休息；

9.其他部落的人，忌近該社。有不得已的事必須要進入該社時，要用跑步，儘快跑進去，儘快跑出來。

5.戰鬥

蘭嶼自有史以來，從未有過戰爭，只有社與社之間，或是人與人之間，偶爾發生一些爭執而有敵鬥或復仇之事，不似台灣本島諸族那麼有規模的戰爭。

雅美族人是偏於個人主義，那裡沒有什麼集體或公共的權威制度。他們共同尊重的唯一的公共秩序，也只是地域和海上的漁區疆界而已。故此縱使有事發生，大都屬於賠償問題，或者誤殺案件等等，一經和解，就很快息事，他們不像我們的社會，常常以個人的自利而作犯罪的企圖。

右圖：在新船落水之日，族人們從各部落前來參加盛典，手持長刀以便沿途驅邪，背上
　　　所負藤籃，其中置有銀盔，要到達目的地時才取出戴用。

左圖：人類自從進入「文明」世界之後，貪慾驟增，煩惱也因此滲入我們的心裏；單純
　　　的世界，天真純樸，他們毋需花腦筋。兩者同樣是人，同樣地渡著生存的日子——
　　　如果把這點作為人類智慧的總結，著實是永遠解釋不清。

　　社內之間的爭執動機與土地問題有關，因而發生戰鬥。劉斌雄教授曾經做過許
多案子的調查，大致把戰鬥的情形分做幾個階段，我們當可看到他們所謂「戰鬥」
的一班。

　　最初他們為了一些爭執，被害者的一方，爬到屋頂上向對方呪罵挑戰。對方不
服，也站到屋頂上對罵，表示應戰。繼之，兩方各推出一人，徒手角力，直至一方
被推倒後，即著手糾集族人正式戰鬥。如果一方覺得自己的人手不足，可以到外社
請姻戚來幫忙，但與事件雙方有關係者，照例是避免參加，保留著最後出面調停。

　　族人的戰鬥以拋擲卵石作相擊，戰鬥者一方用石拋擊，一手持藤盾自衛，戰鬥
員都戴藤兜，和藤甲。如此石戰至雙方都精疲力竭，便各自後退。

　　失敗的一方，留下若干堅強的勇士，改用木棒出陣，一手持棒，一手執盾。這
時的戰鬥是一對一。攻擊者一人出陣，對方就一個人出來迎戰，至一方不支，再來
一人支援，其他的人都站在旁邊觀看。直至無人出來支援時，就是勝敗分明。有時
戰鬥到此，就彼此散場。

　　儀禮的規矩，不論在單純社會的民族裏，或先進的國家，同樣地繁雜。這是顯示
個人或團體的自尊。故此族人在建屋、新船落水或者汎魚期的來臨，都得隆重表現
一番。圖示新船落水儀禮中，族人都盛裝起來，共同為平安祝福。

如果戰敗的一方不認輸，這時則改用短刀搏鬥，一人持刀出陣，對方也出一人迎敵。直到一人流血倒地，戰鬥則終止。

戰鬥雙方的姻戚，此時有責任出面調解。雙方約定時日，各自邀集其戰鬥人員，全體武裝參加。雙方當事者各至田中收集水芋，並各宰猪一頭祭後，煮熟分食，平和即成立。此外，尚有以金泊一塊，作爲交換禮，以示言歸於好。這種「男子戰爭」，由於雅美族人是無政府主義，故此才有這種君子戰爭，否則就不成爲人間的樂園了。

6.信仰

泰勒教授對自然民族的「　無形力量　」信仰，略謂它相當於靈。雅美族人深信生人和死者有兩種靈，前者叫它做 pa-ad，後者叫它做 anitu（亦稱 anito）。

雅美族人和菲律賓北呂宋的巴哥布族（Bagobos）的靈魂信仰相同，相信生人體軀上都附有精靈，頭、手、脚、身體等，每一部位都有一精靈，一共有八個，統稱其爲 gimokod。但雅美族人則有七個靈，以頭部的靈爲支持肉體的力量。人未死時不會游離軀殼，人死後才會離去其所棲的形骸。

在人死後從形骸中脫離出來的 anito，它會先回到家裡拿自己的東西，浮游到小蘭嶼東面一個名爲「白島」（malavang-a-pongso）上居住，那個島全是鬼靈安息的地方。至如其他身軀上的靈，脫出形骸以後便立刻鑽入茅草中，不致作祟。

雅美族人又說，anito 游離到白島以後，有時因不甘寂寞，就會回家來找人作伴。生人一切疾病和死亡，就是這個原因。故此在喪葬時，一定要徹底驅除死靈，或者以芋頭慰靈，好好地安慰他不要回來騷擾。

族人還深信 anito 如果不去白島的話，祂還可以附著在任何的東西上，例如這些樹木、石頭，和沙土被祂所附著以後，它便會和死靈同樣具有危害人命的力量。因此在墓地裡的東西，都是有靈氣的。有時對於仇人的報復，只要跑到墓地上抓一把沙土回來，偷偷地撒在仇人的屋頂上，這家人便會走倒楣運，或者罹病而死。

雅美族人對靈的觀念，完全視靈爲「惡靈」，而與其他自然民族不同。其他民族大都視自己血親之靈爲「善靈」，甚至把血親的頭骨放在家中，或掛在身上，藉親靈的力量，以驅除其他外來的惡靈。

族人的許多禁忌（makanian）都出於惡靈但無善靈的觀念，這是信仰中與別族唯一不同之處。

7.生活與習慣

由於生活環境的不同，自然民族自亦產生其不同的生活方式和奇異習慣。蘭嶼與台灣本島雖隔僅咫尺之遙，但許多習俗都與本島土著廻異。

在性格上，蘭嶼雖然開化較爲落後，但族人倒不像其他地區的土著那樣粗野。雅美男人，必須要具有天賦抵抗大自然的堅強體力，和最大忍受物力枯竭的能力，

新船落水儀式，在族人心目中自有其神聖性，他們身著武裝，手持武器，這是對
信仰不容置疑，在人生中具有重要的意義。

然後才能生存，因此每個人都非常健美。

　　雅美女性，也由於先天的遺傳，與大自然的磨練，故此都有一副自然美的體格
與伶俐的外型。尤其柔軟的長髮，烏黑的明眸，紅褐而發亮的皮膚，顯得格外秀麗
而不落俗。不論男女族人，性格都非常善良。

　　雅美族人沒有文身和黥而等風習，但有拔毛，男子無鬍鬚、胸毛及其他部位的
毛很少，有謂其為「少毛」人種，此為其特徵之一，或謂其中由於混血之故。此外
並有將腋毛以及陰毛除去，通常拔毛之法係用四指挾小石，助以母指的指甲，精巧
地拔眼之。男子脫褲拔毛，通常可見；女子則在田中，遇無人時拔毛。

　　族人在居住中，並無廁所的設備，直至今天仍然如此（縣府曾為族人建新居，
其中雖有廁所設備，但無給水，今仍廢用）。故此族人便溺，多在清晨薄暗中，手
持長約尺許棒片，至海邊岸石處便溺。蘭嶼的豬是放牧的，這時豬簇擁其後，就食
落地的糞便，族人手中所持棒片，是用來趕豬。便溺終了，而以石拭之。其實族人
的便溺情形，頗似廣東許多鄉下，兒童在田間便溺時，有野狗在旁等候，便畢只將
屁股舉起，野狗自會將舌頭把肛門舐淨一樣。

　　女子於露天便溺甚覺羞恥，故多在林叢內行之，便溺完畢，於其附近擇光滑的
卵石，把屁靠石，將手伸於後方，仰天拭之，以二、三個卵石輪流擦拭。用後的石
子，經長時間的自然淨化，故仍甚清潔。

　　由於族人平時多採取纖維質的食物，便後肛門甚為淨潔，故毋需用紙，石子亦
不會太髒。

通常女子都不穿內褲，即逢月信之期，也只用泉水洗掉，而不備經帶。凡男女小便，多爲蹲下行之，男子如有站立便溺，都是向外人學習的。

雅美族人遇有疾病，雖然有驅邪的習俗而沒有巫師，但却有草藥。例如鷄屎籐、苦藍盤、芙蓉、細葉鷄屎籐、蘭嶼白裡葉苧蔴、薑、伶樹籐、台灣葫蘆、玉葉金花、冲繩夾竹桃、雀榕、kotukuzu豆（譯音）、黃花田蘿草、紅頭絲蕉、kes-ayabana（譯音）等野生植物，都是族人常用以治病，此外還有應用猪油塗身以爲恢復疲勞。據說男子頭上所繫的青石，一旦爲毒蛇所咬，將石置於傷口，有吸毒的功能。

雅美族人除鹽和醬油所調製食物外，大都不吃。他們不吃饅魚和青蛙，似與迷信有關。吃魚慣以顏色來分別，例如老人吃黑色魚，男子吃灰色或淺黑，女人吃花紅或白色。青年男女不吃鷄蛋，只限於老人可吃。

族人不知釀酒。據說從前在外很少到達蘭嶼之前，他們雖不知吸煙，但有部份却知道島上有一種草本物，採其葉曬乾，卷成煙草，吸起來和我們的煙一樣。

雅美族人非常愛好清潔，由於天氣乾熱，到處泉水又多，故此不論男女，每天都要沐浴，只要有機會，總要跑到水中清洗，故此在蘭嶼，從未看到有皮膚病。

族人取下的衣服，則置於溪水或水田邊的石上，用灰混入水中洗滌，最後還用石灰塗其一面，它的作用和我們使用漿水一樣，有漂白和消毒的效果，曬乾後布質較硬挺，且可除蟲。

〔4〕農作與漁撈

1.農作

蘭嶼的土壤，根據民四十二年我們的地質調查，可以栽培農作的土壤可以分爲海成冲積土、草原地、灰色森林土，及石灰岩質土。現在被族人利用的土地，僅有極少數海成冲積土及石灰岩質土。這些都是沿著島的四週的海岸線土地，由於接近他們聚落，易於照料之故。至如山上的森林土，已成爲天然森林，和廣闊的草原。

沿岸的農作，除開墾工作由男性擔任外，栽培時的工作多由女性擔任，農作之中，稻米向來未嘗在蘭嶼試植過，原因是族人不習慣處理穀粒，故栽培的農作物，只有里芋、水芋，以及甘薯、粟、苧蔴、籐等。果菜類則有生薑、　菜、蕨菜、花生、藤豆、甘蔗、瓢、檳榔、香蕉、椰子、木瓜、香瓜、鳳梨、番龍眼、番蘋果等。

里芋與水芋——蘭嶼旱田與其他原始地區相似，多爲燒耕，水田則掘溝引水自遙遠溪流，實行灌溉，周圍築石垣，狀似梯田。蘭嶼有兩種芋出，栽植於旱田的稱里芋（kitay），栽於水田的稱水芋（suri）。族人相傳古時有一次海嘯，把全島都淹沒了了，只有紅頭山頂露出來，海水平靜後，發現岸邊漂流著一個ararun

，這就是最初水芋的一顆種子。

根據植物學者的調查，認爲蘭嶼並無原有的野生芋，可能爲早期從南方傳入。此等芋仔，今日已成爲雅美族人的主要食物。

蘭嶼的里芋和水芋，依照日人奧田教授的分類，前者計有品種九種之多，後者則有八種之多。據說此等地下莖類的植物，最初可能都是栽培於水田中，後因水田不足，而後才逐漸栽培在旱田中。然而這等芋仔，除想像上係漂泊於颱風之所攜來者外，事實上還沒有得到其他明確的考證。

雅美族人的植芋方法和我們種植水稻不同，它是循環栽植的。例如需要食用時，卽到田間將水芋取出，將水芋上半部在四分之一的地方截斷，下半部四分之三則作爲食用，隨時將上半部連莖栽囘原處。三個月後，所栽囘的莖部則可長大，如是週而復始，循環不已。

芋田經栽五年，如不施肥，地力則衰退，這時須停耕，以爲恢復土地的疲勞，另一方面，則不得不另闢新田。

至於旱田，則多開墾於山腹地帶。開墾方法與東南亞各族相同，仍用燒耕之法。此等旱田，其情形與水田相同，栽植若干年後，同樣要停耕以待地力的恢復。

雅美族人不知應用人肥，認爲人糞或獸糞不潔，以致浪費了此一價值的資源。只知在田中樹立一根木竿，上吊貝殼或漁網，作爲驅鬼或防蟲。然而此等地莖的植

蘭嶼有水田和旱田兩種耕地，即種有水芋和黑芋。族人種芋的方法與本島種芋不同，食時將芋拔出，將下半截切下作爲食用，上半截仍栽囘原處，俾它繼續生長。

飛魚屬頸針魚目，不特蘭嶼，也出現於溫暖水域，它的胸鰭似翼，可飛翔數十公尺遠。當五至六月間出現於蘭嶼海面時，族人夜間點火炬，引誘它飛近船緣，然後用手網來網，好似打網球。

物對於自然的適應力很強，可以抵抗許多害蟲，故在蘭嶼，很少發生過饑荒的事。

在田間採集芋仔的工作，多由婦女擔任。採得芋仔放入陶罐中和水羹之，熟後剝去芋皮，用姑婆芋葉包好，放在 vagat 裡，在一家團聚共餐時，和其他魚類及青菜等共食。剩下的芋皮和碎渣，可以作爲餵豬之用。

甘蔗── 蘭嶼有甘蔗的栽培，土語稱它做 onasi 據日人奧田記載約有四種原生品種，而與台灣本島所栽植的品種截然不同。雅美族人不知製糖之法，只作爲果食。以甘蔗招待客人，是表示最歡迎之意。

椰子 ──土語爲" anjoi "。根據日本文獻中記載，日人島居氏在明治三九年間（ 1882 年）最初作蘭嶼調查，當年在蕃社附近的海濱，椰子樹非常茂盛，即在島陸各處，如你站在蒼蔚蔽翳的椰樹下，宛如置身在南洋群島。其後於一九二六年遭嚴重的蟲害，復又瀕遭颱風襲擊，幾至絕跡。今日在蘭嶼，所見椰樹已不多，且亦未聞有倡導種植椰林的計劃。椰樹利用價值很高，應有獎勵種植的必要。

據雅美族人的傳說，略謂古時在 Jipaputok（紅頭嶼的地名）有同族人死亡，將其頭置於岩石上，不久回頭看他時，看到他的頭上竟長出芽來，以後把它移到土地上，它就長成了一顆椰子樹，每年都結了很多如人頭大小的椰實，這就是椰樹的來源。

　　雅美族人不特具有藝術天才，同時也具高度的造船技術。他們所造的拼木舟，即其一例。整個蘭嶼族人擁有此等漁船約二百多艘，各部落由關係較深的親戚組成捕魚集團，充分發揮著有機體的組織效果。

2.漁撈

　　雅美雖以種芋為其主食，事實上漁撈也是他們重要生產之一，為**蘭嶼最大的天然資源**。但漁撈僅限於男子的一項工作，尤其是青年男子必具的一門技術，他們能够獲得妻子，是否精於漁撈技術就是被女子所挑選的先決標準。

　　由於蘭嶼海流，是介於冷暖流和黑潮交匯的緣故，故此成為太平洋魚類天然的集合區域，魚類甚為豐富。單以**每年三月起的飛魚季節**估計，平均每年可以捕到二百多萬公斤。

　　魚的種類和海產如貝、海綿、海人草、海芙蓉、珊瑚等很多，但在年中以捕飛魚為最著名。學名 Cypse lurus sp．，土語叫它做 " ayus "，漢人因它色紅，故又稱紅魚。因魚翅甚長，從浪中跳出，能飛至四、五十公尺遠。飛魚是生存在暖流的中心，飛魚每年在一定的季節群集於蘭嶼附近交配，並在近海繁殖，故此蘊藏量甚豐。最大的飛魚可達十二兩重，普通的約有八兩。

　　族人的捕魚習慣，是由各單位家族組成一個集團，大船是屬共有的財物，係共同造成，共同出海，共同捕魚，捕獲的魚，也共同分享。二人或三人乘小船係屬個

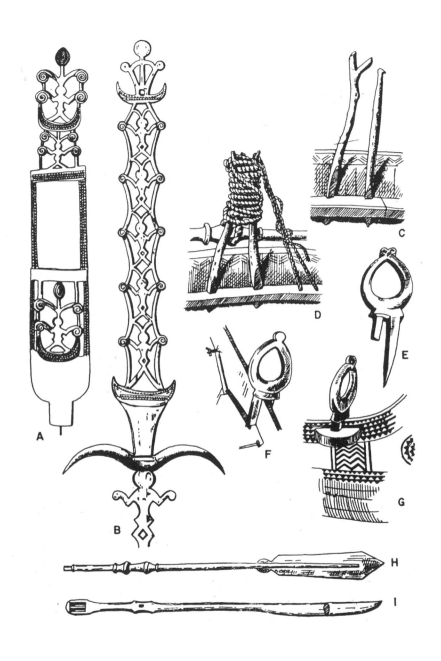

　雅美漁船的各種附件：A、B為新船落水典禮所用飾杖；C、G為櫓鎖；H、I
為櫓。（採自陳奇祿）

3.畜牧

雅美族人一如東南亞海洋諸族一樣，也畜有雞、豬、犬等家畜，由於地理環境的關係，尚畜有山羊。

據日本稻葉氏的記載，略謂早期在蘭嶼有蘭嶼土狗（ kokock ）的特有品種，對環境具有特殊的抗力。其後由警察駐在所將舶來種引入蘭嶼，並將狗種分配給族人，其時在二三年間，在蘭嶼還可以看到兩者的混合種。但當稻葉於十二年後再渡海到該島時，發現原有品種已完全絕跡，僅見有舶來雞種的繁殖。蘭嶼失去了它原有的品種，實深可惜。

稻葉氏在記錄中記載：「⋯⋯告別蘭嶼的前夕，我急於邀請分駐所各位作一次歡宴，藉表向他們表示關照的謝意。
故向族人購雞一隻，以為加菜之用。族人持魚網，好像捕蝶一樣追捕雞隻，但雞隻平時多為放養，近於半野生，非常敏捷。故追來追去，雞則亂飛亂躲，以致從早上到日暮，一隻都沒有捕得。⋯⋯」

蘭嶼原產的品種，體軀瘦小，羽毛為黑色。此等雞毛，為祭具禮杆（ maror-no-ipachikakai ）上所不能或缺的飾物，而今只有在舊製的禮杆上，才能看到這些羽毛。

蘭嶼的豬隻是放養的，這種畜養的方法可以讓豬隻有自己尋食的機會，而節省許多飼料。東南亞其他部落也是一樣，家豬有時會變成野豬一樣兇猛。每次要二、三十人費上半天的時間，才能屈服一隻豬。

　　十人合划的大船，全長有些長達八公尺，寬一公尺半，要三十多人才能把它舉起
。圖示大舟舉行落成儀式後，族人們合力把它撞到海邊。

人或兄弟共有。中等船六人乘者屬六家所有，十人或十二人乘，則船屬十家或十二
家所有。例如東清社共有七十四家，擁有小船約五十艘，大船八艘。整個蘭嶼，約
有船隻二百多艘。

　　捕捉飛魚，最初開始的一個月係乘大船，作夜間捕魚。將芒草莖捲做一束，直
徑約六、七吋，以火燃之，誘魚飛近船邊，以網捕之。約繼續一個月，其後即改乘
小船，作日間捕魚。

　　族人捕魚，多用自製的蔴繩漁網。平時捕魚，也有用自製的魚鈎或魚槍。善於
潛水，可潛至十三公尺深，時間約可數到一百個數字長，即約一分半鐘，奇怪的是
，我們從未聞有漁人給鯊咬過。

　　族人是不吃生魚肉的，捕得的魚，羹吃之外，其餘多風乾後貯藏起來，作爲常
年的食物。風乾之法，將魚的腹部和背部剖爲兩開，取出內臟，復在魚身上略爲切
開幾道裂縫，俾易於乾燥，吊於涼台上風乾，可以經久貯藏。

　　至如貝類，族人都喜歡生吃，但也有把它像魚類風乾後再羹食。

sira du
sanosun

sira du
ilawud

sira du
palaŋun

sira du
njoi

sira du
avak

sira du
kabulitan

sira du
kabaai

sira du
makara-
natoi

蘭嶼的社會雖然是共享的形式，但部落也有公有財產或私有財產。漁船、伐木、畜牲等都加以標記。圖示山羊剪耳標記的一例。

　　雞和豬羊一樣，都是以放牧的方式來飼養。族人養雞只是供作祭品，平時很少吃蛋或殺雞。族人在屋內略舖草料，和人共處一起，也沒有固定飼料，只以吃剩的芋皮及剩魚飼養，由於放牧，雞隻已養成自己到灌木叢中抓食昆蟲等物。所生雞蛋，多不取出，任其存放原處孵化。因族人迷信雞蛋不潔，吃蛋會失去生育能力，故一般都不喜吃蛋。據記載，在日治時期，他們知道日本人愛吃雞蛋，族人們從堆積在巢箱中的蛋取下來，只要一顆鈕扣就可以換一個蛋。

　　日人當年引進蘭嶼的外國種雞，對蘭嶼實無甚意義，因外來種雞多蛋而不能雛，但雞蛋對族人毫無經濟價值，以致能孵雛的原產蘭嶼土雞迅速的絕種就是這個原因。

　　猪——豬的土名為kuise，也是族人一家重要財產之一，係由子女來飼養。族人對飼養豬隻，大都採用野放的方式。飼料多為薯皮和芋皮以及魚的內臟，據說鄉公所曾公告禁止野放，故每個社內雖各家都建有柵欄來養豬，蘭嶼草原廣濶故目前仍有不少採野放方法，任豬在各處奔走。

　　豬肉只限於祭祀或疾病時，作為祭品或補品之用，平時是不屠豬的。屠殺豬隻，係先捆其四足，然後用利刄刺其喉嚨，以盤承血，以火把去毛，再分割內臟。剩下的豬頭下顎，均留置懸於屋內以示慰靈，並無以顎骨多寡作為顯示富有之意。

　　族人給豬以食物後，須將豬的頭部、頸部、脊部等處，以水洗之的奇習，族人雖然說不出原因，但依照豬的愛潔習性則頗合理。

　　東南亞文化圈中的土著諸族，多有以動物油塗抹身體的風習，雅美族人也有這

種習慣。平時將豬油貯在陶罐中，應時節塗於身體，據說可以恢復筋肉疲勞，和驅疲之效。

　　山　羊——山羊的土名為kagirin，牠與豬隻相同，雖同為族人財產標記，但蘭嶼族人，則視山羊為最尊崇的動物。山羊之在蘭嶼繁殖甚速，原因是草原甚多，食料豐富的所致。

　　族人養羊之法，亦多採用放牧，大多數羊只在耳朵上剪以各家所有父系群傳統的標記（symbols），就把羊驅放在附近的原野和珊瑚礁中，任其遊蕩，但從未聞有盜羊或爭執之事發生。

　　根據鳥居氏的記載，認為蘭嶼的山羊有野生和飼養兩種。鳥居氏且謂小蘭嶼島上曾經發現過野山羊，不過那些野山羊是否是島上的原產或因船隻遇難而後流落在島上，而後日久變為野生，則無文獻可考。

　　日治時期出版的「台灣志」中記載「紅頭嶼飼養有山羊，帶有美麗的毛色，島人呼其為kakri，此名乃源自葡萄牙語。」如果土名確係源自葡語，則山羊的最初輸入該島，當係葡人無疑。但也有學者懷疑山羊可能是輸入自巴丹島。

　　蘭嶼的山羊毛色有黑、白、褐，通稱「三毛山羊」，但也有欠其中一色而為兩色，有長大之角，頷下有長鬚，非常壯碩而美麗。族人有尊崇山羊之風，羊角多是族人的傳家寶，羊頸毛作為兒童的頸飾，深信可以帶來平安。

　　族人所養的家畜，一如東南亞其他海洋民族一樣，只有豬、山羊和雞。這些家畜主要是供作舉行儀禮時的犧牲和飲宴時共享和饋贈親友之用。一般家畜多為放牧，但也有養在柵欄裏。一般蘭嶼的家畜，都比臺灣本島的兇猛。

〔5〕祭祀與曆法

1.祭祀

　　自然民族的社會，依其結構與原則的不同，而有各種各色的祭祀。而這祭祀的儀式與集合，也是他們經濟合作，政治統一與人際之間，謀求加強部落與部落之間彼此維繫作用，與鞏固社會最重要的基礎。

　　雅美族人在一、二月有開墾祭，這是農作物的播種的儀式。三、四月間捕飛魚時有飛魚祭。十月為捕魚季節中較清閒的時節，其時有陶器祭，餽贈祭，陰曆十一月二十八日，尚有豐收祭等。

　　飛魚祭——根據劉斌雄的記錄，飛魚祭（mivanua）乃一項集團工作的互助精神的表現，在雅美族人生產方式中，是非常重要的節日。參加白天捕漁的是小船，參加夜間捕魚的人都是大船，大船有十人乘的lima，八人乘用的apat和六人用的小船（atro）。各社組成船隊，就自己的海灘地區集合。每隻船由鷹尾把舵，其他都是櫂手，分乘船上的左右兩邊搖單櫂，坐在船首搖雙櫂的一人，他可以做代理舵手，相當於副船長。

　　這些船組的職務和地位，是按照各人的體力、經驗、技術造詣而決定的，原則上，漁船組屬於一社的組織，除非是有特殊情形，否則是不能對外借用，或參加別社的組織。

　　飛魚汛期來臨的時候，在二月二十七日，各社漁組會族人在船長家共宿，準備夜漁的火把、漁具等什物和檢視漁船。這種籌劃大致要好幾天。三月一日早上，船員們把大船推到海灘，裝好櫂架，把櫂排在船上。同時各家把養好的芋頭和魚，舉行祈求豐漁的儀式。翌天船員回家穿上胄甲，戴上銀兜、胸掛胸飾，集合在海邊開始舉行招魚祭儀式。祭祀開始時，各人依次站在自己坐位的船邊，再由船長領導順次上船。

　　船長手持一隻雄雞，割斷雞喉，把血滴在木盤裡。櫂手們各以食持拈住塗在礁石上，口唸呪語，呼飛魚飛來。然後再取三十三個小竹筒，一一塗上雞血，以祝小船在白天捕漁，同樣獲得豐收。

　　三月三日是初漁之夜，從這天開始，漁隊中由一組領頭首先出海，殺一對猪向天神作祭，保佑出海平安。祭後每夜繼續捕漁，白天一起共宿共食，一直至一個月。

　　四月一日，把上月中捕得的魚，大家分配。船員們解散，把魚帶回家。此後船員不必集中在一處共宿，各人可以自由住在家裡，夜裡仍可以繼續捕飛魚。

　　五月一日開始，族人可以使用小船在白晝裏用鈎絲釣魚。這時除了飛魚之外，還有其他種類的魚。在這期中，還有舉行祈豐漁祭。此後兩個月內的漁獲，各家族

　　招魚祭mivanna也是族人年中最重要祭祀之一，是在三月一日舉行，船員們把大船撞到海邊後，把櫂架放好，各回到家裏穿上背心，戴上銀盔，胸掛胸飾，等候船長領導上船唸咒。

　　雅美族人是海洋民族，對於捕魚自然非常重視，每年都有一連串的祈魚豐收、初夜漁、招魚和收藏魚等各種儀式。圖示畫食祭是在五月十七舉行，族人皆盛裝，到海邊汲取一壺海水，山邊汲取一壺淡水，然後起火煮飛魚，祝祭後共食。

人也製成魚乾，存貯起來，吃到十月半。

　　飛魚畫食祭在五月十七日舉行。船員們穿著盛裝，到海邊和溪邊汲取一罐海水，和一罐淡水，提到自己家裡的後椽下，取乾魚三尾，放在罐中羹熟，祝祭後全家共食，這時男女老少都可以吃，不必分級。

　　六月二十二日是飛魚貯藏祭（mapa sagat），這天各家婦女取飛魚一尾，和水芋一起羹熟，放到翌天祭祀後才全家一起食；祭後才能把曬乾的飛魚放進陶甕裡。

七月初飛魚的汎期已過，故在七月一日舉行飛魚漁終祭。這天男子到山上捉一頭山羊囘來，女子收芋，打掃屋裡屋外，翌天再宰山羊，大家著盛裝宴會，這是表示慶祝之意。

　　十月十四日是終止吃飛魚，是日祭祀是男子上山採地瓜（蕃薯），女子落田採水芋，晚上把甕中剩下來的魚乾，全部傾倒罐中羹熟，全家作最後一次的享受，吃不完的，統統把它傾倒外邊。

　　雅美族人對於飛魚的生產和消費，即從整個飛魚的捕撈與食用，他們一連串的活動全部和祭祀有關，終食祭以後把魚乾全部丟棄，在他們的觀念中固然是一種迷信，但在我們來看，却正是原始社會對資料保護的一種經濟觀。

　　豐收祭—— 豐收祭爲原始農耕社會中普遍的祭祀。雅美族人的山田，常在燒耕開墾，種植一兩年以後，由於養料短缺，即行休耕，而另拓地重新耕種，俟舊地恢復其養份，再度耕種。故在開墾時或收獲，常有祭祀。

　　祈粟豐穫祭（miparos）係在十二月第一天舉行，這天很早起來搗粟、羹粟和宰羊，男人戴銀兜盛裝，手持與玩具相似的小木漁船，裡面裝上粟飯、山羊肉、水芋、里芋，和蕃薯等食物，到海邊上集合，依年歲的大小順次站成一列，把籐簸盤祭物陳列在沙灘上，各人對天神（akai-du-to）祈願，然後大家環繞著最老的一位長老，聽他訓話，內容大致是有關粟作的種種禁忌，然後大家圍起來，商定播種日期，散會各自囘來。在沙灘上的祭品，另由一個壯年族人，把它收拾起來，送到最老的長老家裡，放在屋頂上，敬獻給他慢慢享受。

　　施耕前要把農具統統準備好，諸如斧頭和鐮刀，燒火打直研磨鋒利，再用木柴點火，一邊唸呪，一邊用火來驅邪，這叫做「驅穢」（mamitoloto）。

　　收割當日早上，用羊肉和水芋對近親亡靈作祭，然後跑到山上粟田中，以鐮除草一小方塊，四角各插茅草一根，每邊上面插兩根。然後在方塊中間，置假屋一間，這個小屋叫ipaylaya，並在屋裡再放一小撮粟，意爲「粟之靈魂」，唸呪後，於是持火入山燒耕。這就是初播祭。

　　在播粟種時，也要舉行祭祀，過程和祈粟祭相似，不過最後要到最年長者吃芋，是表示解除食物禁忌。

　　由於蘭嶼山中田鼠爲害頗爲嚴重，因此族人在二月下旬粟開始結穗時，就要用小木漁船，內盛石子置於田隅，以爲其神力驅除田鼠。如果這項辦法不靈的時候，大家就要戴起銀兜，穿盛裝，持武器，在田間周圍驅鬼，這儀式叫parapay。

　　五月初旬是粟嘗新祭（manuma minijoi），大家盛裝到粟田附近，採茅草管先向粟田投擲，把鬼趕走，然後再進入田中收割。

　　雅美族人的生產，如前章所述，是一種互助的共享主義社會。他們係在六月收割所得食糧，均作爲大家分配共享。這時各家男子集合在長老家裡，把收穫的粟運到長老的前庭打開。蘭嶼粟的品種有十三種，依品種不同及品質的良窳分堆起來，然後再按人口平均分配，分配時保留總量的四分一，以備祭祀時公用。

　　六月十五日左右是謝讌祭（mivatsi），這天族人又集中在長老家，把粟傾入

　　生活在這個小島上的族人日常做活最重要的是捕魚，木舟在他們是最重要的工具。這些大船在風平浪靜的時候，每小時可行兩海浬。他們臂力壯健，在海上可以連續划上五、六小時而不休息。圖示落水儀式時船員戴著銀兜坐在船上。

　　新船落水，外圍部落的親友相繼到達船長家，夜裏分別到自己最親近的親戚家裏晚餐，晚上則集中到船長家歌唱。

臼中，人眾時，臼有時也會增加到五個。男子全體圍著木臼，集體搗粟，且搗且呪，所唸呪詞，無非是祈願明年又是豐收。

上述是粟田集體耕作的祭祀情形。他們社會還施行所謂幫工，凡是需要大量人力的工作，都可以邀請親友來幫工，工作完工後是毋需酬謝，只有饗讌與分俎而已。

除上述外，最大的典儀還有新屋落成，此一落成典儀可能是分配猪肉最多的一個儀式了。

2.曆法

世界各民族中，都有他們自己的曆法（ calendar ），除古代瑪雅而外都以湊足三百六十五天爲一年做標準。一般現存少數民族對曆法的制定，大都根據當地的地理環境，即氣候、生態等，並參照他們自己的宗教或信仰和祭儀的行事等，把年、月、日組織起來，而爲其本族的曆法。

關於雅美族的曆法，旣往日人移川、岡田以及鹿野諸氏研究過的報告頗多。但由於一年之月份平年有十二，閏年有十三，關於這種大陰曆月（ lunar calendar month），在台灣光復以後，我國林衡立教授將前人所得資料作複查核對，並依其曆法列出了他們的祭禮和經濟活動的歲時曆。

在舉行新船落水儀式，親友們都穿上正式的禮服加拉方衣（ gala jacket ），頭戴銀盔，手持長槍，集合在一起聊天，等待儀式的開始。

這種原始曆法，並非部落中每個人都能了解的，只有專門執行曆法的人，才知道如何算曆和頒曆。由於算曆是一種特殊技能，故常在執行此等職能的人去世以後，常常就很少有新人承繼。

許多原始民族，例如菲島的Kalinga，他們的固有曆法，因年久月深，族人大都記憶不清，但他只知每年的元旦是在第二造稻穀收穫結束後，約為每年公曆的十一月中旬，基本上乃以太陰的圓缺來推算的，即每年十二個季節（不稱月），每個季節總有一次圓月。其中新月、圓月、半月、月缺等等就是一個季節。

此外，菲島有些族人以某種鳥飛來，以鳥名作為該月的名稱，豆子結實也可以作為名稱。雅美族同樣地亦以季信的自然現象——生態學的，與社會文化要素的衡量（context）而厘訂其曆法和命名。例如六月至七月，土語叫 " pipilapila " ，意為「浮舟之月」，又如五至六月的 " papatau "，則稱為「釣魚月」等。

雅美族一年歲事的安排，就是他們作曆的主要目的，一如我們的農曆，將年中行事嚴格地支配在季節，以為準備工作。

陳國鈞教授在「蘭嶼雅美族」，所示雅美曆法，則以族人以每月新月之日為一日，上弦月之日為第八日，月圓之日為第十四日，月亮從第十五日開始漸虧，下弦月之日為二十二日，月亮全消之日為三十日。每夜的月亮，都有一個不同的名稱，同時每個月也有不同的名字，作有次序的排列，包括閏月在內成為十三個月。

陳國鈞所作曆法，可以簡化如下表：

太 陰 曆 月	相當於公曆月份	年 中 行 事
一 月 Piyavugan	七 月	修造房屋漁船、造屋祭，造船祭。
二 月 Puwakan	八 月	植水芋，開墾祭
三 月 Binnusunomatan		這是一年中的閏月
四 月 Bitanatana	九 月	製造土器、土偶、土器祭
五 月 Kaliman	十 月	土器製造
六 月 Kanuman	十一 月	燒石灰
七 月 Kapituman	十 二 月	餽贈祭
八 月 Kawoan	正 月	天氣寒冷休息
九 月 Kasiyaman	二 月	準備漁具

小船落水儀式時，船上盛滿了水芋，這些水芋是掛在竹子上，分做幾列。

十　　月 Kapowan	三　　月	捕飛魚，大型船出海，飛魚祭，男子夜宿船上。
十一月 Pikankanlu	四　　月	捕魚
十二月 Pakatan	五　　月	小型魚船出海
十三月 Pipilapila	六　　月	捕飛魚結束，改捕其他魚類

　　林立衡教授也曾把雅美歲事與曆法列成簡表，以示曆月和歲事的關連。但其中所列漁撈和農耕有關的歲事，並非絕對的眞正歲事，有時候歲時起落也稍有變更。例如飛魚在族人的觀念中是一種神聖之魚，在飛魚泛期的漁撈是具有濃厚的聖神巫術的宗教意義。但飛魚是一種「候魚」，故受季節的約束甚大，由於泛期的遲早，而其他行事自應作推移的調變。

　　　　雅美歲事太陰曆法

太　陰　曆　月	祭　　　禮	經　濟　生　活
7〜8月 Pijabugan	飛魚終了祭（1-5日）	大船火漁，栽植甘蔗

族人們圍著新船，兩拳緊握，各做騎馬墩擋式，身體不斷搖動，高聲吶喊，頭作前後仰俯，圍著新船團轉驅邪。

8～9月 Pugakau	家屋落成禮 彫舟竣工禮	水田開墾 收割一年前種植甘蔗
10～11月 （或9～10月） Kalimaan	飛魚乾終食祭（14.日）	
11～12月 Kanoman		
12～1月 Kapitowan	祈年祭（1日） 粟播種祭（8日）	採集火炬用大萱 旱田開墾
1～2月 Kaowaan		除　草
2～3月 Kasijaman		製作火炬的包被除草
3～4月 Kapowan	招魚祭（1日） 大船初獲魚祭	大船、火漁
4～5月 Pikaukawi	漁組解散返家祭（1日）	大船，火漁

　　船長坐在船上，船員合力舉起大船，向上拋擲，繼之船長舞刀作驅鬼狀，船員邊舉邊喊，至聲嘶力竭時，才把船擡至海邊，再高聲祝福，然後把船放入海中。

5～6月 Papatan	招魚家祭（ 1日）	大船火漁，小船晝釣
	小船初獲漁祭（ 2日）	
	粟嘗新祭（ 初旬）	
	解除家祭禁忌（ 14.～15.日）	
	開始晝食飛魚祭（ 17.日）	
6～7月 Pipilapila	粟收穫祭（ 13.、14.日）	大船火漁，小船晝釣
	粟豐年祭（ 收穫祭八天以 後的某一天）	
	飛魚乾收藏祭（ 22.日）	

從上列的兩表中，由於各學者對於置閏的月份所獲的結果不同，故此前者有十三個月，而後者則將太陰的十月至十二月之間，作一緩衝的調整。

由於族人的曆法都是沒有文字記載，完全憑記憶，故此很難記得清楚。其情形一如大部份的族人，大都不知自己的出生年月，甚至像某一些事件，發生在那一天，過些時就變得模糊不清了。

〔6〕居住與建築

1.天然條件與聚落

在蘭嶼六個部落都是築在背山面海的坡地上，大致族人選定了這種居住方式，都有其天然環境的條件。早年日本藤崎氏所著「台灣之藩族」一書中，對雅美居住的選擇條件敍述頗詳。

由於蘭嶼季節風甚強，他們選擇高坡地是防止洶濤的沖刷。而且蘭嶼是屬於熱帶，在坡地上經常可以享受季節的涼風。同時為了防範春夏間颱風的來臨，在坡地上的建築，其中把住屋的一部築成半地下式，如是尤似貝類在貝殼中獲得天然保護的形態。

鹿野氏也曾對雅美的居住記載過一些紀錄，當年雅美族人分住沿島海共有七個藩社，以後才歸納為六個聚落。族人為了防範夏季強烈的風暴，以及冬季強勁的季節風，因此從海邊把安山岩的卵石，搬運到坡上，構築成一個石垣的小城堡，一戶連接一戶，而形成獨特城廓的景觀。

這種獨特的景觀計有六個地區，每一個地區，既往稱為「社」，共有六社，分為兩村，在西岸為紅頭村，計有紅頭（ Imorater）、漁人（ Iratai ）、椰油（ Yayu ）三社。東岸為東清村，計有東清（ Iranumilk）、野銀（ Ivarinu ）兩社，及包括北岸的朗島（ Iraralai ）社。

　　大凡原始住屋，都是經由祖先，深切了解切身的需要，和自然環境的需求而設計
的。我們文明人常以原始住宅爲簡陋，因此不論在甚麼地區，只知建造紅牆綠瓦的
宮殿，而忽略了春光偏在這種的野人家。

　　上列的六個社是分散的，每社相距遠近不一，社區的大小也不一樣。根據一九
五二年的人口統計，蘭嶼有四百四十六戶，人口有一千四百八十人，但迄至今天三
十年後，根據統計，人口僅增加了一千，即約二千四、五百人。其中以野銀社人口
最少，椰油人口爲最多。

　　據陳國鈞敎援「蘭嶼雅美族」一書中記載，略謂原來在漁人和椰油兩社之間，
還有一個叫 " Iwatas " 的小社，當年只有三十多戶，傳說因有一個族女，因丈
夫喪生海中，她自己縱火自焚，火勢延燒了別家。事後族人認爲不吉利，遂紛紛棄
村他遷。鹿野的記錄中所說的七個社，也許是指此一棄村而言。

　　目前除去學校和公務機關，係台灣光復以後所建的房屋外，其餘古老傳統的房
子，其中尤以朗島變化不多。族人的房子相當的密集，彼此相鄰緊靠，使人看不出
誰和誰的界限，而且在各社中，惟未發現有一家是離開的獨立房屋。

2.住屋

　　大凡典型的住屋可分爲三部。一爲正屋，或稱母屋（ wagai ），二是工作屋（

蘭嶼的地下「正屋」和半地下式的「工作屋」
。這種住屋在都市人看起來認為是不衛生，殊不
知它是雅美族人的祖先，經過千百年的對生態環
境和天候的經驗，設計出來的最具機能的住宅。
如我們今日文明社會中的許多問題，要向原始社
會學習，才能獲得解答。

makaran ），三是涼台，又稱瞭望台（ takagalu ）。附屬的建築物有倉（ Ar-
irin ）猪欄（ Papukanon) 和船倉。較為特殊的，則另建有小兒出生的產屋（
Varagi ），生產在原始社會的觀念中，都認為是不潔的，故此也有臨時特別蓋一
所小屋等小孩出生以後再拆除。

正屋——族人的主屋，也有人稱為母屋，它的建築形式和東南亞其他地區者不
同，而為雅美獨有的形式。由於防備颱風的襲擊，故此築在地下而為半地下式（
pit-dwelling），或稱竪穴式。普通建築係在堡上掘成矩形的深坑，深約六吋，
視坡度的高低，亦有深至十呎者，四週用卵石砌好，以為牆基，地面舖卵石，上面
再舖木板，由於土壤含砂質，而水直接滲透入地，無慮積水，故均無排水溝的施設。
在凹坑四週竪設屋架，用木板為牆，屋頂蓋茅草，普通由地板至屋頂僅四、五

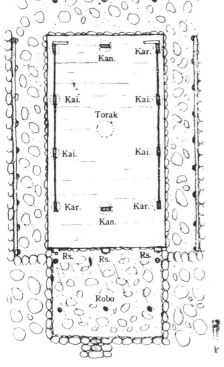

右圖：原始社會是一種互惠制度，族人建屋，親友們都前來襄助，並不索酬。他們的寬
　　　厚與道德觀念，給了我們不少的教訓。

左圖：雅美族工作屋的平面圖，Robo為存貯木料的平臺（Cellar），Sagad為地平上的
　　　工作空間（採自鮑克蘭）。

呎高，前面開三個小門戶，約60×60公分，不關窗門。一般母屋分為前後兩部，即
前室和後室，前後室係由石階式把它分開。前室係專供兒童們做寢室，後室的中央
豎有一根或兩根的扁平鐘鼎形獨木大黑柱，它叫做「 domok 」，意思是「最寶之
物」，是全屋中最大的一根木材，上面彫刻羊角形的文樣，上面還掛有些小米，和
很多山羊角，當殺猪時，要把頸項肉一塊掛在這根柱上，以為先獻給精靈，然後一
家人才能吃肉。此種具有神靈的獨木，其情形有似排灣族所供奉的獨木一樣，自有
其宗教的意義。此外還有在柱或樑彫有波文和連續人文的彫刻以為裝飾。

　　一般正屋的最深處或兩側則為貯藏室，日文所謂「土間」，兩端設一排或數排
木架，以為安置雜物，和傳家的寶物。這種半地下的豎坑式房屋，無疑地外面的光
線無法透進裡面，故此很黑，同時由於通風不良，非常悶熱。

　　正屋靠外面的一間，較內間為大，約佔全屋四分之三，作為睡覺之所，側邊放
幾塊大石為灶，由於平時取火不易，故此灶中整日都留有火種，故此屋中木板和四
週所擺設的物品如山羊角和魚骨頭等，因經年的薰煙而變成黝黑。這些掛在牆的羊

角和魚骨，除具有慰靈的意義而外，也是表示家庭的富有，如兄弟分家時，這些家傳寶牌都得合理分配。

工作屋—— 工作屋係專供畫間工作使用，通常建築於正屋的前後或左右，依地形的不同，位置並無一定。存儲雜物，也有在地面上建造較低的建築物，但一般工作室都較正屋為小，但要高得多。平面圖為矩形，一般三面也是用卵石先砌成圍牆，豎立木架，以茅為頂，門戶較大，它和正屋不同的，是一所單室，一大間分上下兩層，下層是半地下式，地面舖木板，專供堆置柴薪以及竹、籐、漁具等日常生

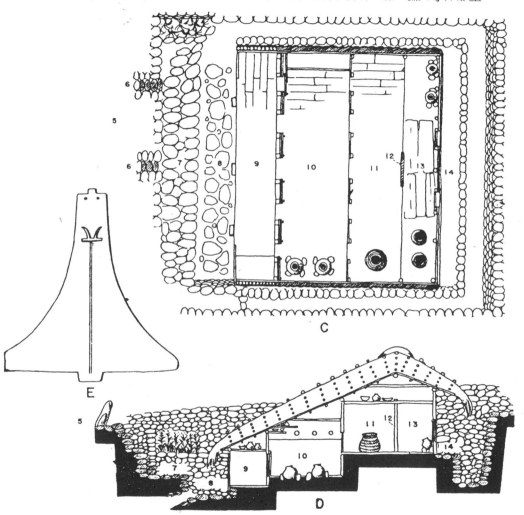

雅美族的主屋，圖C、D中的5為露天，6石階，7狹窄石級，8庭院（courtyard），9走廊（veranda），10主室，11副室，12主柱（mainpost），13附室，14平臺。圖E為主柱，它是由一根獨木構成，具宗教意義（採自陳奇祿）。

活的材料。但也有些族人，利用它來做放羊的羊欄。上坑也是鋪著木板以爲工作之所。有時有些女子因生育而不及搭蓋臨時產屋時，她就在工作屋的下層生產。

其中有些聚落的工作屋，把它分爲內外兩間，外間屋頂較低，內間較高。也有族是沒有工作屋的，他們就只好露天工作了。

涼台——涼台是每家必有的建築物，因爲蘭嶼地區屬於熱帶氣候，到了夏天，

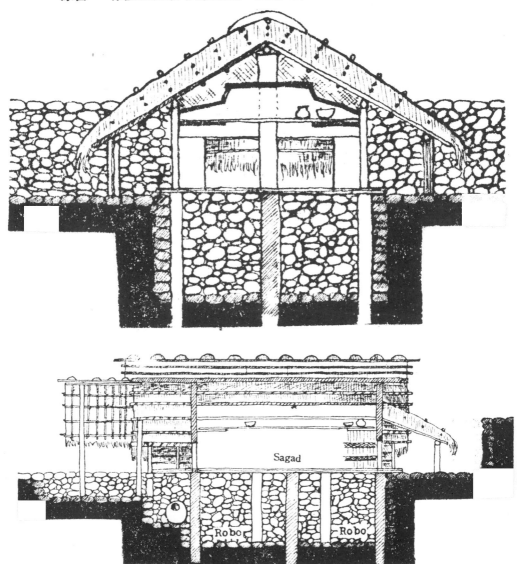

雅美族的工作屋，它與主屋不同，一半建在地下，一半建在地平上（採自鮑克蘭）。

在屋頂上佈滿了水芋，都以用來饋贈親友。

必需倚上乘涼或休息。因爲正屋除了防範颱風，或遇颱風來臨作爲避風之用外，平時內部不夠通風，而且光線不足，無法以之作息之故。

　　一般涼台建成干欄式，形似瞭望台，常位於正屋及工作屋前的平地上，外表看來，比工作屋的屋頂高出許多。它是由四根高約逾丈的木柱搭成，用板搭成平台，寬約兩個榻榻米左右，即五、六尺見方，但亦多作矩形。上有屋頂，架茅草，柱間另設頂架一、三塊，以爲放置什物。但也有在涼台三面圍些茅草，留向海的一面敞開以爲享受海風。

　　涼台約距地面五、六呎，邊設木梯上落。這些梯子有許多係用直徑大約六、七吋許的一根獨木，一面刻成深痕，作爲踏步，這是在東南亞一般原始聚落，所作木梯的共通方法。

　　族人在一天工作之餘，或者老人們平時的閒息，都在涼台上過活，盛暑之夜，族人差不多都在涼台上過夜。

3.新屋的落成

　　依照雅美族的習慣，家屋建築必須開始於六月，而在八月底以前完成，故此在開工以前，必須要妥爲準備所有的一切材料。除了到山上砍伐木材，以及把木板予以乾燥以外，甚至因爲要建房子，在四年前就須開拓水田，增產種芋，以爲四年後

　　族人的房子都建在山麓沖積扇的緩坡上，面對大海。這些沖積扇的坡度頗大，因此很易排水。圖示聚落的狹長的行人道，從工作間至地下主屋的石砌梯級，和石砌地面，這些石頭舖設距，都是適合於他們本族人體工學的步行比值的。

　　蘭嶼受東南亞的季風（monsoon）影響很大，在地理上又適位於東南亞海洋氣流和東北亞大陸氣流相互接觸的區域，故此常在夏季在菲島東南海面上造成颱風所波及的地區，每年六至九月間都要受到暴風的襲擊。族人所建住屋，其主室多築在地下，藉以防範颱風，圖示主屋的入口。

在屋子落成之日，才能有足夠的芋頭來宴客。故此族人要建一所房子，和我們的社會相似，是一項家庭的長程計劃，常是準備好幾年，才能把一棟實現出來。

族人們建屋使用的工具是極其簡單，最重要是手斧，和錐、鑿之類的手工具而已，可是他以最簡陋的工具，而構築成一座非常適於熱帶居住的房子。

建築新屋，自然是先把基地先作適當的整理，同時自己先到山裡看好木材，再請一些親戚和朋友，一起上山砍伐。或者就在山上劈好木板，柱樑後，再運到山下乾燥。

這些木材，大多是龍眼木，此外還要採集一些竹子、籐，或到海邊搬過石塊，這些都是要依靠朋友幫忙，而且化費很多的時日的。

新屋的第一項工程開始，就是整地，從坑裡挖掘出來的泥土，用他們特殊木製的盆子（ pasakoan ）裝上泥土，頂在頭上把它運走。整地和挖坑的工程完成後，下一步就是架柱上樑，" tomokk "的一根是全屋最主要的一根，由於它是帶有宗教的意義，它比其他的柱要寬闊，基底部份稍闊成三角形，這是山羊角的象徵。族人深信山羊角可帶來吉祥。

繼之就是上樑、蓋頂、舖板，前後牆和左右牆的砌石，加茅草、內部裝設、周圍舖石坪和做石階……，新屋完成後，則選擇八月中的一天吉日，舉行新屋落成祭，女人都到田裡採芋，男人就宰羊屠豬，招待親友。

祝宴開始的一天，遠近親友紛紛從各社前來祝賀，屋主就就準備招待和酬謝他們的幫忙，把當天從田裡採來的水芋，舖滿在屋頂上，待屠的大豬隻捆著繩子放在屋前，讓大家都可以看到，這是準備分給他們的。

這一天親友們都穿著盛裝，男的戴著銅帽，和鎧甲和坎肩，或執長槍，肩跨短劍，也有手執長刀，其中也有持著彫刻的祭祀用的木杖，鄭重地跑到主人前祝賀。那時主人等候客人都到齊之後，其時太陽已斜向西山，主人坐在新屋空地上，男子們也席地圍坐，其中一位巫師，首先唱祝福詞，巫師唱一句，主人也就答唱一句，其他的人都高興地陪伴著，有些嚼檳榔，有些抽煙，這樣熱鬧，大概要唱上一、二小時。大致原始歌詞都沒有一定，依唱者視情形不同隨時變化。祝詞無非是祝福將來不會給風吹倒，可以曬魚乾……等；而主人的謝歌，大致對大家說些感謝的話，辛苦他們幫忙建房子，同時也謝謝他們辛苦地從遠道前來。

晚上大家把豬宰了，在房子前面分割豬，弄得隨地都是血水，增加不少熱鬧的氣氛；有些人則在房子裡談笑和唱歌，唱到疲倦時，才歇息一下子繼續再唱。直到翌天清早，每人帶一條長約一尺許的豬肉，和一籃子芋頭回家。分肉的習慣，親友是每人一條，母親可得十條，此外還可得豬頭一個；兄弟姐妹各得肉也十條，外加豬腳，假若兄弟姐妹有四個人以上，豬腳就得砍碎平均分配。至於豬的內臟，則平均分配給實際幫忙建房子的人，不過這些內臟，只有老人才能享受，年青人是不許吃內臟的。

飼養山羊較多的人家，也可以殺一隻羊來代替，不過，照傳統習俗，都是宰豬的。

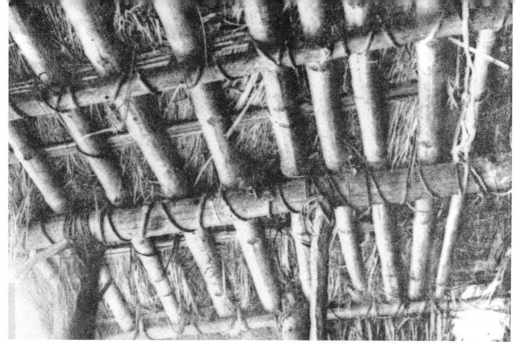

工作屋（makaran）大致為三公尺寬，六公尺深，圖示內部天花的構造，和安放
零星物體的雜物吊架。

　　雅美族的立石。上左圖係漁人社中的一塊具有歷史的立石（pannarigan），根據
傳說這塊立石原是很完整，後來因為漁人社和紅頭社發生戰爭才被破壞。上右是族
人屋旁每家都有的一種立石，中間最大的一塊象徵家長，其餘的象徵妻子和子女，
其中如遇人死亡，則將立石倒下。

大凡父母死後，房屋是傳給長子，至於女兒在出嫁時，父母只給她一些芋田，作爲陪嫁。兒子討妻子，很少和父母住在一起，這時要在自家的土地上，或舊居的屋旁，另建新屋。

4.喜訊之石

在雅美族人的住屋中，除了在內部豎立獨木具有信仰之外，在屋外則豎有數塊橢圓形獨石，土語叫它做 " bannaligan "，爲「好消息」或「喜訊」之意。這些獨石常置於屋前，好像椅背似的，大致高約八十公分，普通有三塊，中間的一塊最高，代表家裡的主人，左邊的一塊次之，表示妻子，最小的一塊，表示兒子。如果其中有一人去世，就把石塊倒下來，三塊一起豎立著，就是代表全家福。

關於這種 bannaligan 獨石，在民族誌學上，意味著和其他地域具有非常重要的關連。根據傳說，這種獨石，是從巴丹諸島（ Batan Is. ）傳入的，如果屬實的話，則雅美族當是從巴丹移徙來蘭嶼無疑。

「喜訊之石」是立石的一種，族人叫它做pannarigan，每家都有此立石二至三個。神話中說它是傳自巴丹島，它象徵一家的靈魂。

〔7〕衣服與裝身具

1.衣服

　　雅美族人的工藝天才，在他們織文、裝身具、彫刻以及漁船上的飾文，無一不足以表現其藝術天才。

　　大凡一個民族的技術體系和藝術的造形，以其環境的影響爲最大。雅美居住在孤島上，屬於熱帶中的一個特殊地域，天然資源維持著他們千數百人口的生活，是非常富足的。由於生活的富裕，故此生活非常平穩，因而形成了高度道德而有秩序的社會，他們社會趨於單純——而被稱爲「沒有酋長的社會」，它的理由是不難明瞭的。

　　由於天氣的酷熱，在衣服方面，故此穿得非常簡單，男子終年裸體赤脚，從四、五歲開始，就用一條白色兜布（ gigat ）將前邊下部遮掩，並纒紮固定於腰間。

　　這條布帶褲我們稱褲布。這種布帶的材料，過去全用麻布（ bchemerianiven ），現在也有用棉布。布帶長約六呎，濶二吋，帶的一端約有八吋長成爲三角形，頂端最濶處約四吋，爲三角形的底邊。底的兩邊逐漸狹小，至八吋長處，直至末端

雅美族的褌布（ loincloths)。每條褌布長約二公尺半，它是製自苧蔴（ ramic），盛裝時多用白色。

在早期的社會裏，經濟的發展都是女人的成就而不是男人。女人先發展了家庭，然後男人才加入了她們的工作陣營，同時女人也將社會的適應教給男人，而這些都是今天心理學的基礎與文明的基石。

都只有二吋狹，用時將三角形的一端，自肚臍處起，直曳而下，遮掩下部，自兩股間向後拉起，至背後腰部，向右邊橫縱腰部兩匝，然後把末端自股間拉起的帶下穿過拉緊，打成一結，不易脫鬆。據說這種打結的方法，它和台灣東部木瓜社的泰雅族婦女的腰卷（ puchibula sch ）的結法相同。又據鹿野氏的說法，認為這種褲布的形式和結法，是雅美以外，在東南亞地區諸族中所未見的。

在鹿野氏的記述中，並略最初雅美族人為了利便，也有利用一種水仙科的植物，一種叫做anuura的野草，葉子來代替褲布，使用這些野草、形式和日本「相撲」的褲布樣子非常相像。記載中尚謂當年族人在褲布上還刺繡" D "形的黃色文樣以為裝飾，但也有其他學者看到過藍而非常複雜的刺繡文樣，可是現在已很少見到了。

這些褲布的裝束，大凡屬於海洋民族的族人都幾乎是一樣，正因為他們常到海裡捕魚或入水游泳之故，繫用這種褲布是最為理想。他們繫這種布帶，不願露出太多的腋毛和陰毛，通常多是全部用指挾石把毛拔去，不致看出，這正是他們比文明人更尊重禮貌和喜愛清潔的習慣。

男子在遠行或祭禮時，穿用一種傳統的古老服裝，上身穿著一件無袖像背心似

坎肩，叫 tatari 或 gala，長僅一尺五寸，前面敞開，肚臍外露，布料是用野生的蓴蔴科屬植物纖維製成。在蘭嶼，這種野生蔴有兩種，採集曬乾和製造纖維的工作都是由男子擔任，一般叫它做 tariri-abaka。從搓絲至織成布，是屬女人所做的。

事實上，所謂 Abaka，原是香蕉屬的一種植物，它也可以製成纖維供織布之用。在蘭嶼除了上村料之外，從前也有應用椰子樹的樹皮纖維來織布，可是這種技術，今日已經失傳了。

依照蘭嶼服飾最早鳥居氏的紀錄。略謂紅頭嶼的衣服更可分爲三種。一種蔴衣，亦即上述的 " tariri " 此外還有粗衣（ chidasan ），和稀見的瓢子衣（ agushno-nyui ）。

蔴衣的原料採自上述的野生蔴——苧蔴，它是由土名叫 " Pariparigan " 一種固定式的機具，織成長約四十五公分，濶約四十七公分的方形蔴布，然後染成黑色，有些在纖維，夾織一些木棉絲（ 學名 Bombax Ceiba Linn ）爲圖案裝飾。這些夾織布叫 matui，黑色的染料乃製自黑炭粉，經在石上處理後，據稱不會褪色。

從木棉搓成的棉絲叫 ituru-no-manila，又稱 Balagun，木棉樹只見於台灣本島，蘭嶼未見有木棉樹，據說這些棉絲都是從北呂宋輸入的。

一塊長九十四公分，濶四十五公分，把它對折，中間開一孔，以爲套在頭上，兩邊縫合，則成方衣。

粗衣的織製，原料乃取自 Cyperaceae，由於在山野容易採到這種植物，故非常普遍，族人平日出外時多穿用此等粗衣。椰子衣係製自椰樹皮，目前已不多見。

2.原料與機織

雅美族人蓴蔴科的纖維植物，不分野生或人工栽培，總稱它爲 pariparigan，其中包括有蘭嶼苧蔴、蘭嶼白裡葉苧蔴、苧蔴等。前二者爲野生種，後者爲栽培種。

原料製法乃採集成熟之莖，將蔴皮剝下，除去綠色部份，放在太陽下曬乾，使之乾燥後而取纖維。再用手把纖維卷在竹片或木片上，將木片插入土製的紡繀車上，將絲搓成很細，再繞到細卷上。

搓絲的工作都是由織女擔任。織機都是設在工作屋中，土語叫織機爲 Chinum。工作屋中豎有兩根木柱，橫架一根橫木，在橫木上結以待織的蔴絲織者坐在地上，織機的下端用兩根橫木結成機紐，用籐編成一塊腰檔，織者腰部可以靠在檔上。然後兩腳向前伸，兩足支在前端的支木上，以便利於出力，兩手推機編織。有些更爲考究的設備，在足底間則用一個長方形獨木船狀的一個空胴箱形物，以代替腳底的支柱，以利出力。編織時布面遇有粗密不均或凸凹不平，乃用山羊角製成的一種尖器，予以調整。

蘭嶼雅美族的Abaca樹皮衣和椰樹皮所製的各種工作衣。

3.婦女衣飾

　　雅美族女在四五歲時，則開始用一塊小白布圍腰，稍長則在胸前斜繫一塊方布遮掩。這種胸部一邊不縫，至於已婚很久或老年婦女，在家中就不用胸布，情況和東西亞一帶相似，多為裸露上胸。

　　族人的腰布，看起來好似一條短圍裙般寬大，尺寸依個人的身材高低，而有長短不同。主要是包著臀部和圍腰一週。普通寬約一尺五寸，長約三尺，顯得很狹小，上邊到肚臍，露出肚子，下邊到大腿二分之二處狀似迷你裙。左右腿前接縫，每

祭禮時雅美族男子穿著的方衣（Tariri）

98

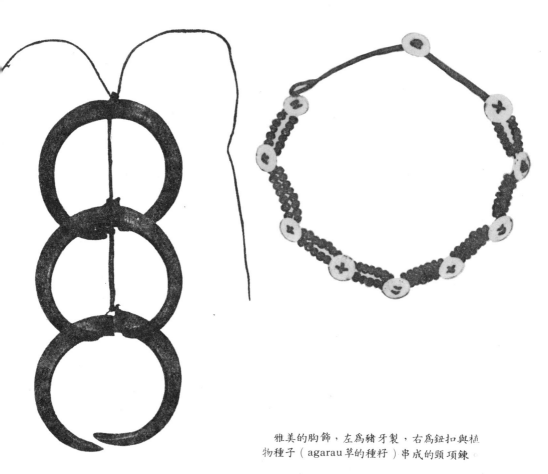

雅美的胸飾，左爲豬牙製，右爲鈕扣與植
物種子（agarau草的種籽）串成的頸項鍊

當她們坐下或行動時，因無內褲，所以腿部露出很多。

　　婦女的胸布，普通多爲白色，但未婚少女及婚後不久的少婦，則爲紅色。參加
祭禮或遠行時，所穿胸部腰布一樣長，樣式與泰雅族女的裝束相似。

4.裝身具

　　裝身具大多屬於女子，男子間亦戴銅製或銀製手鐲。婦女的飾物種類很多，可
以分爲頭飾、耳飾、頸飾、胸飾、手飾、腿飾等六種。

　　頭飾——係用一種白色貝類或舶來的白色鈕扣，或是很少的制錢，再串以許多
黑色木珠，以一兩串繫在頭髮上，或覆在額前，以爲額飾。

　　耳飾——利用鸚鵡螺做成繭形，上鑽兩小洞，串以麻線，然後穿過耳孔垂掛。
也有用銀打成兩個相連的小圓片而爲耳飾。土語稱耳飾爲“obobai”，但稀有爲
木製。

　　胸飾——大型的胸飾土語叫“kala”。這類胸飾的係用多種木珠、骨珠，植物
種子的硬殼，黃色琉璃珠（ammatobato）、紅磚色琉璃珠（moragu）以及銀

製的圓片等串成，它的長度有時長至及膝。胸飾的價值，在族人的社會中，它的價值和我們的寶石一樣，並作爲傳家的寶物。平時很少戴帶這種長珠，它只限於參加祭禮或大日子時才用。瑪瑙（ agate ）在族人中爲最名貴，在女兒出嫁時，母親常以瑪瑙傳給女兒是傳統的習慣，據記載，巴丹島的風俗與蘭嶼相同。

　　另一種族人的胸飾係用子安貝（ cowry shell ）殼串成，它叫" rakaraka-no-matamogaguit"，據稱子安貝並不產於蘭嶼，它是由南方跟著暖流的海潮帶到蘭嶼來的。子安貝在族人社會中價值不高，對於具有珍珠色而帶赤色的 nautilu shell 的貝殼才最珍視。

　　目前最稀見的胸飾，乃由一種石灰質刺狀物（ Kyphosus lembus Cuvier ）所作成的" rakaraka-no-illuk "的胸飾。他們還在島內，在某些地點找到一種沼鐵（ bog-iron ）的破片，和其他物質串在一起以爲胸飾。

　　未成年的女孩和男孩子，則多用 Coix lachryma-joid L. vaa. susutama Honda 以及 Cardiospermum halicacabum L. 等草類的種子爲胸飾。

雅美族的山羊鬚製頸飾（ Arogot ），專用於男孩和女孩。

100

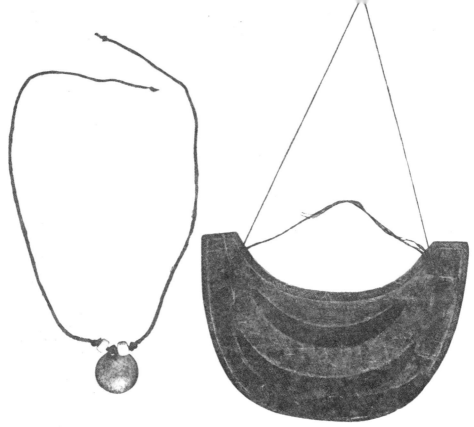

左為雅美男用頸飾，中為一顆銀珠，珠的左右配藍色琉璃珠各一粒。右為長老所用的頸飾，它是由黃銅片打成，要在特別大典時才掛。

雄山羊的鬚子（ arogot ）以及雄豬的牙齒（ pakaraka-no-oson-no-vinyai ），也常被採用為兒童的胸飾，成人則不用此等材料。

手飾──銀製的手鐲叫 puchinuken 為最珍貴，普通用銀子打成兩個銀片，沒有花文，穿上小繩繫在手彎上，大如手鐲。有時也有繫在下臂的中間，也有時用銀片箍在下臂中間，左右手各一個。

古時的手飾，據記載有不少用堅硬的木質，挖成了輪狀的腕鐲為裝飾，土語叫它為“ varoran”。這種木製腕鐲非常珍貴，也是作為傳家之用。

脚飾──一般脚飾只限於少女，它是用黑色木珠穿成長串，綴白色鈕扣，環繞脚上。既往也有男的脚飾，但多為銀製，現已少見。

貝類裝身具 ──關於使用貝類製作裝身具，頗為學者所注目。例如珠母貝（ mother of pearl shell) 的飾物，廣泛地見於太平洋諸島，利用珠母貝當作飾品，頗有其特徵。這種習俗原來常見於沿海地帶，但在山地的住民中也可以常常發現。菲律賓呂宋西北山地諸族，婦女們則以珠母貝作成耳飾，菲島南部岷答那峨的小黑人，也用蚌殼小片串起來做裝飾。

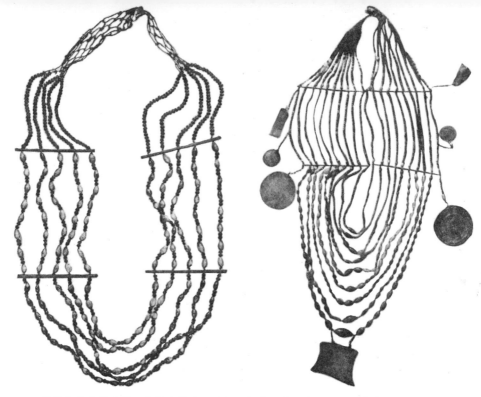

　　雅美族的大型胸飾，它的材料是由種籽，銀片，黃銅片，瑪瑙，琉璃珠以及鈕釦等串結而成，族人把它掛在頸上，其長度及膝。

　　至如雅美族人，如果要得到蚌類原是很容易的，但他們並不喜愛這些蚌類，只喜歡鸚鵡螺（Mautilus pomilius ），這件事實，學者們認爲很值得注意。因爲鸚鵡螺在菲律賓群島的常見，而廣泛地分布於南太平洋，反之，在蘭嶼則不常見，據說漁人從未採到生螺，只有被浪打到沙灘上螺殼而已。雅美族人特別喜歡這種螺由於它的顏色是彩虹的緣故。他們以之作耳飾，其形制爲繭形，但這種造形是蘭嶼所獨有的。據說這種繭形耳飾的原型是從菲律賓呂宋北部土著的金屬線製螺旋耳飾演變而來的。呂宋土著的這種耳飾是和其他印尼各地有著關聯，在大陸方面，則與Nafa族相聯繫，這種文化或者進而找到更遙遠的地方。

　　雅美族人所製鸚鵡螺頸飾作⊓形，學者並認爲它和蘭嶼的船帆相似，而這此一形制和菲島北部山地諸族如Tinggian, Igorot, Apayao 的鬥斧造形相像，甚至遠至阿薩姆的Naga 鬥斧爲同形而有關。

　　蘭嶼族人的裝身具的諸種母題，從上述中，可知該島實與印度尼西文化有關，雖然雅美和菲島的親緣特別濃厚。

5.帽子

　　帽子的種類很多，帽子在族人中，它和裝身具一樣，在祭禮中，爲了配合禮服

雅美族人的衣飾只有紅、黑、白三色。這三種顏色配合起來是莊嚴而美麗。項鍊
有以瑪瑙、琉璃珠或白色鈕扣串結而成，形式與本島諸族的珠飾迥異。

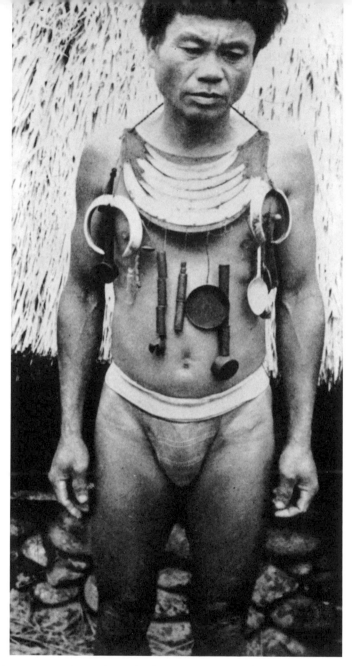

　　人類從生活的開始就喜歡裝飾，不論男女都是一樣。但裝飾的意義，並不限於要討好對方，有時卻是顯示社會的地位和個人榮譽。原始貿易很少販賣食物或日用品，只限於裝身具，珠寶就是文明最古老要件之一。圖示族人在舉行祭典之日，裝飾自己所用的 raka—no—mugakai。

　　雅美族人的工藝，不僅精於編籃、製陶、和紡織，更精於鍛銀與打展金片的細工技巧。圖為女性常用的胸飾銀片和掛珠raka。

　　銀盔是用銀元敲成薄片，重疊連結而成，前面開一方孔，可以望見外面，它在族人的社會中，價值很高，且為傳家的寶物。

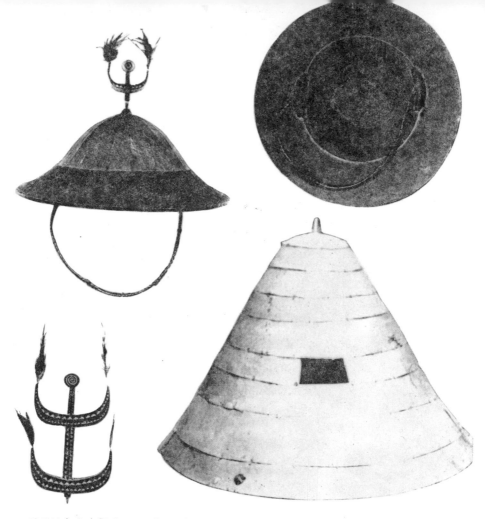

　　男用的木兜（ Siakop-no-kayu ）。1.2為木兜帽子， 3為帽頂上的雞毛飾物（
moron ）， 4為銀兜，都是在祭典時戴用。、

是不可或缺的。

　　帽子種類有 vuragat， nigarukan， minaovoad， siakop 等各種。前兩種
在舉行儀式時使用，第三者是供平時勞動工作或戰鬥時用；第四是供工作時戴用。
應用椰子樹皮做成的帽子叫 Siacopu-no-aniyui ，籐編的帽子質地堅硬，在戰爭
時才戴用。

　　一種用木製成的寬帽叫 siakop-no-kaku，帽頂上帶有裝飾的叫 moron-noo
siakop 。裝飾物是一根長長的木彫，塗以紅、白、黑三色，頂上附一撮黑色的雞
毛，它和祭典時插在船首上的飾物頗相似。用銀子打製而成的銀兜叫 vuragut，金
工的技術甚為精緻。

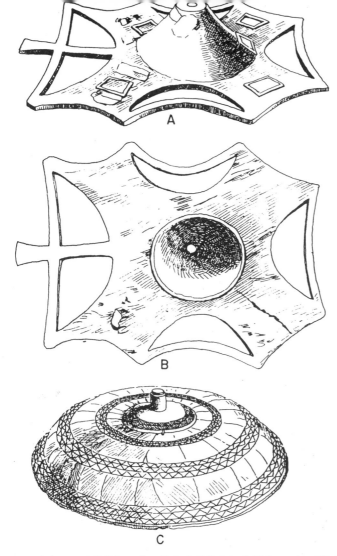

雅美女性所戴的帽，A、B為木雕的木帽（Tabaos），C為大型椰葉編造的大帽，只有在舉行祭典才用。

　　專用的祭典時所用的籐編帽子，編造的手藝也是相當精巧的。祭儀舉行之日，族人們身穿 tariri ，臂上戴著銀鐲，戴上銀帽或籐帽子，再手持長槍，看起來實在非常威武。有些人身上穿 obai ，掛著銀片或黃銅片，甚至有些還掛著金片，這些都是傳統的衣飾，都是必依照祖先傳下來的形式來配合。

　　銀兜有時也稱銀盔，它是由若干矩形的銀片結合而成，作金子塔狀，然後在前方開一方窗，可以瞭望外面。此等銀兜是專供儀式用。打製一頂銀兜是需要很多的銀幣和時間，故此這些帽子對族人而言，是非常貴重的一份財產世代相傳。

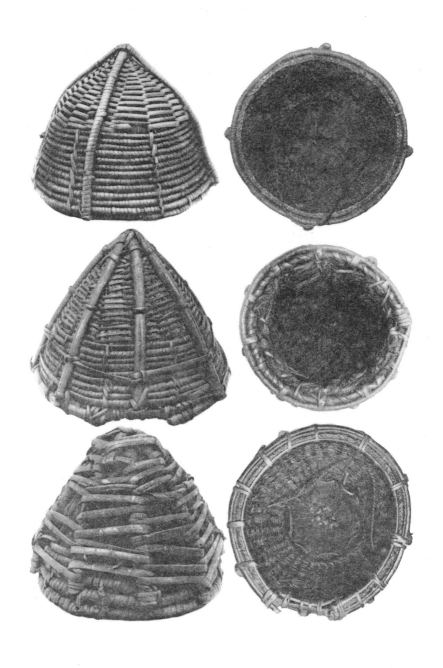

藤編的帽子（minao），有用藤條編成，也有用椰葉編的，它供戰爭和祭典時用。

〔8〕土器

1.土器的燒製

　　雅美族人以里芋、山芋，蕃薯等爲主食，蒸煮的器具乃以自製的土器或陶罐（boga）來煮。方法係在三塊石頭架成的灶上買土罐來煮，土罐稍作傾斜，用柴火來燒。此等土罐的大小，依家族人口多小而異，普通人家的土罐，大致有六十公分高。近數十年由於外來物資之輸入，已少見類似的土罐。

　　根據鳥居氏記載，此等土罐多無蓋，煮芋時只用芋葉爲蓋，覆於罐口。煮熟的芋，則取出置於籚箕或木盆中。

　　族人菜餚每餐均有魚干、或干貝等，此類食物均含有豐富的營養。族人在進食時，不似馬來亞諸族以手取食，他們都用木筷（tatati），一如我們的使用筷子

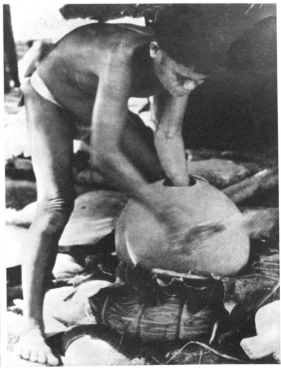

陶器的製造是象徵人類從流浪生活進入定居的重要器用。陶器該是人類最古而又最能恆久流傳的藝術；它也是最初工業科學的起源，因爲只有陶器的器皿才不會漏水。

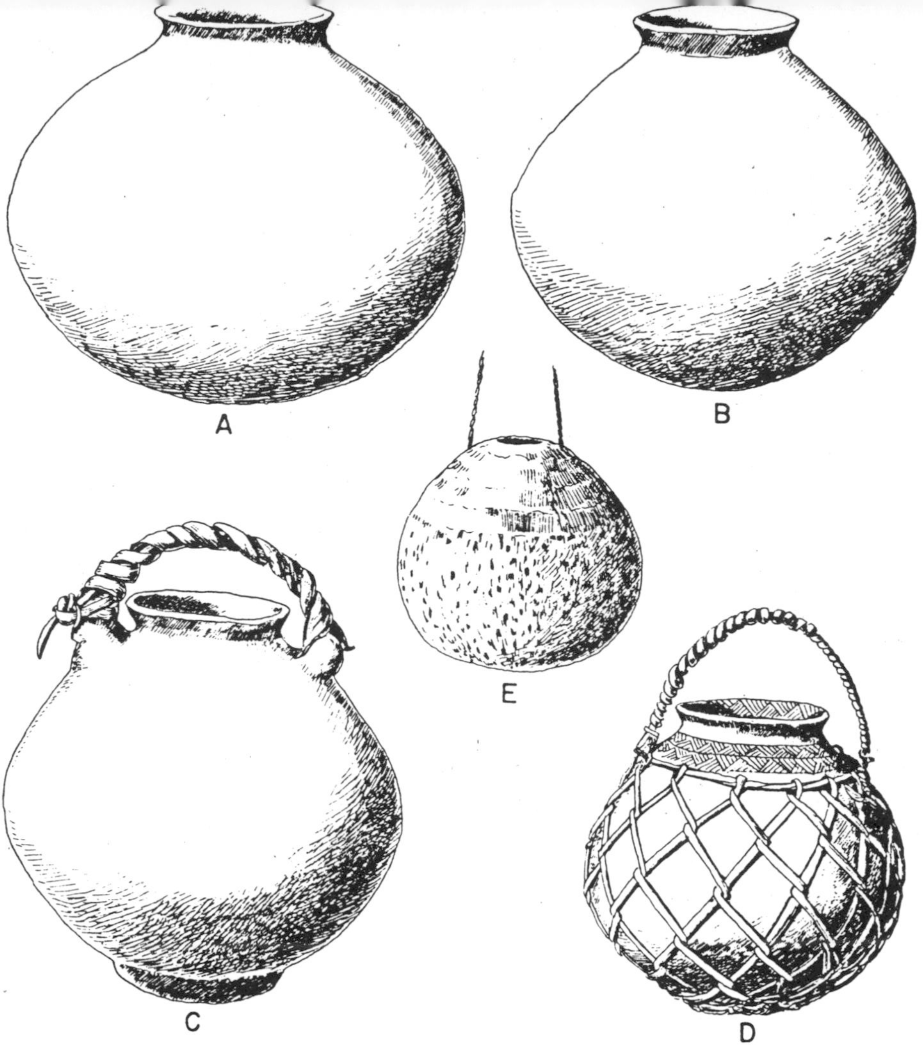

雅美的水罐，ABCD為陶土，E為椰殼。（採自陳奇祿）

，木箆用後，可以洗淨重用。

族人多在工作屋的上部進食，他們一個家族圍成一個半圓形，中買菜餚。如果一家父母雙全而有五個孩子的話，而坐位都有家庭地位之分，孩子們都得依照規矩來坐。菜餚之佈置，里芋常放在中間，肉湯和魚則置於芋盆的左右，或者加置一盆食塩。一般每天只朝晚進食兩次，除非是特殊情形，很少是有中食的。

既往少數族人也栽培粟（ kadayi ）粟在本島諸族中，為用於祭祀，或巫師治病時所不能或缺，在雅美族人視為極珍貴食品之一。蘭嶼的木臼（ usun ）和杵（ Tan ）有兩種形式。一種是我們常見的單臼，另一種却是雙臼。單臼是一個人來椿，而雙臼則同時由兩人來椿。

昔日盛粟或芋都用土器，進食有木匙和椰殼匙（sosoro），較大的木盆均施有彫文爲裝飾，而且盆子都削得很薄，然後在盆邊相對處各鑽小孔一個，串以小繩，用後可掛在牆上。

　　盛水用的土罐叫pu-ranum，椰殼水壺叫nyuyi，即在椰殼上開一注水孔，在孔邊鑽小洞兩個，串以小繩以便携帶，類此椰子的水壺，普見於東南亞各族。

　　台灣本島諸族多以瓢爲汲水器，但在蘭嶼稀有種植瓜類的植物，故此多用竹筒（binayu）來汲水。族人日常所用籐籃（yara），它的直徑和高度，均爲三十公分左右，主爲般運里芋及其他農作物之用。女子在田間工作所用籐籃，大都附有

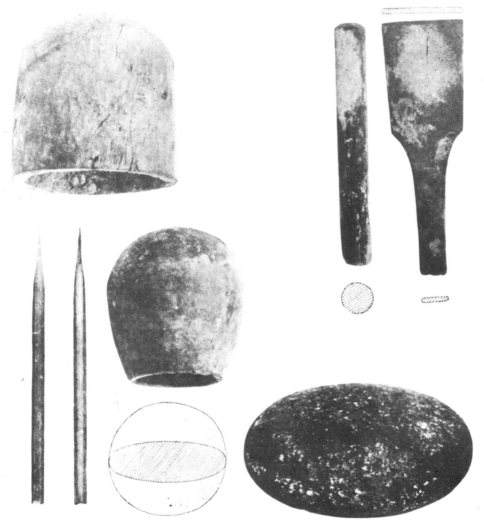

製陶的各種工具，左上的木模，左下爲竹製削刀與成型的陶罐；右上爲木製拍板。

籃紐，在背負時，一部重量則可支於額上。

　　以麻繩編織的背袋（karui），也是日常用品，尤其是遠出時，都用背袋。原始諸族中，從未見有以手提的方法携帶物品，文明社會的人們喜歡用手提箱，這在醫學上則不如原始的方法理想。

2.器用

　　大凡孤島都不易獲得全居，故對炊事用具，一向就使用土器（earth wares），在世界各地中，尤以馬來種族對土器的燒製爲精巧。

　　土器的製造，爲男子的專業，女子是不燒製土器或土偶的。蘭嶼所製土器種類不多，僅有煮芋、粟的土罐，和盛魚肉的盆等。每年於浪濤洶湧時，在無法出海捕魚的秋天，才利用這些休閒時間來製造。

　　土器或陶罐的材料，取自山上的粘土，椰油社（村）附近的粘土質地最佳，故所製造土器，以該地爲最知名。關於東南亞如北呂宋諸族中，據記載尚有彩陶的製造，甚至有些土器其中還帶有一些閃礫的黑褐色物質，呂宋原是一個古代原住民遺跡存在的地方，故此有很古老的土器，至如玻琍尼西亞就從未見有土罐的製造，因爲玻琍尼西亞人是不知製陶的。我們從一個關聯，當知蘭嶼和呂宋關係的密切。

　　土器的製造係先到山間採取粘土（ratu），把土搗爛，去掉沙粒，滲水揉和，用手製成原型，左手拿一扁石，右手捏土，同時用一小木棒（paparo），從內外兩面，輕輕打拍，再用小鐵刀或竹刀（t'atari）把內外刮削，使之光滑，而厚薄一樣。繼之用指甲在內裡四週，挑刮花文。然後小心地用芋葉包好，放在空氣流動之處，讓它慢慢陰乾。如是四、五天後，再加火燒煉，則得各種土器。

　　關於族人的土器製作，除上述的程序外，事實上尚有禮儀的舉行和許多禁忌，此在鹿野氏的論文中和宋文薰教授「蘭嶼雅美之製陶方法」一文中所記甚詳。例如用芋葉把原型包好以後，再用兩根茅草把它捆固，這種包裹的手續，並非因爲怕土胚因乾燥太快致發生龜裂而是爲防範死者之靈附在土器上。它每一手續，幾乎都與信仰或禁忌有關。

　　原始的燒煉方法，並沒有甚麼特別的　，一般只是把柴火（igapapoi）堆置起來，把土器放在柴堆的當中，加以燒煉，景情是非常抒情的。

　　這種燒煉用的柴火，在六、七月間則須先到山中伐取，然後晒乾，而且伐取的數量要很多。燒煉要選擇晴天而無風之日，在海邊找一塊沙地，將沙石堆成一座小方城，四週高約兩公尺，在裡面架設一重重的柴火如井字狀，燒製時間大致二、三小時，則得赤色的土器。

　　原土（asinotana）大都爲風化的安山岩，經燒煉呈黑色質地的原土叫mahagung-atana　；呈白色的原土叫maravangung，此類土質在燒煉時容易龜裂，但成功的燒煉，可得極高的硬度，和長期的保存；一種呈褐色的原土（

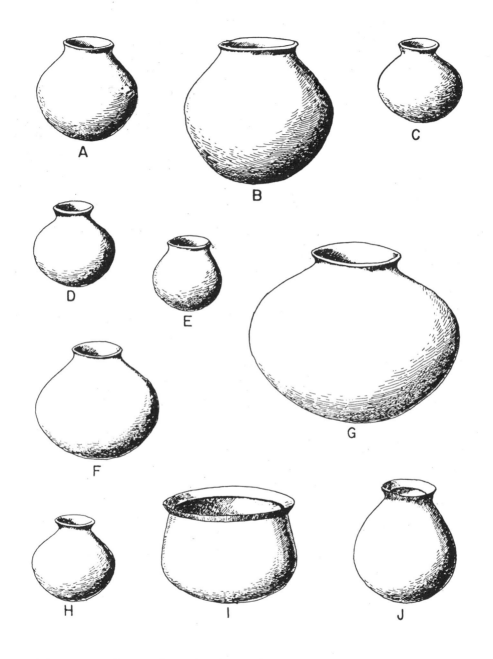

雅美的陶器類型有多種，A用以盛粟（millet），B用以盛芋莖，H專盛山羊肉和豬肉，其他專盛各種特定魚類，此在我們看來，並無顯著的分別。（採自陳奇祿）

　　族人利用休閒的時間，在家和他的兒子用泥土製造各種土偶。這是一種消閒，也是一種兒童教育。

　　族人的陶罐，多為青年男子所製，這等器用有煮飯用的鍋（waha）、水罐（bu-rauanum）和盛湯的盆（waṅana）。形狀有多種，或在邊緣刻有幾何文。目前這樣一個陶罐，腹徑五吋許，售價約值新臺幣五百元。

bufuga）粘性大，適於燒製水壺；呈綠色 akumi-ararawa 原土多用以機製鉢（waga）和盆之類的器用。

　　挖取原土的是在九月三日（manomaramei）和九月八日（madarin），這是法曆中的吉日。背負原土回家時，背籃上要挿一根茅草（sigau）以為驅邪，從地上拾起幾顆石子，投向四邊，同時口唸呪文，大致和燒陶時相若：「不潔、邪惡、卑劣的通通滾走；柔和的土呵，要給我變成銀！」

3.土器的種類與土偶

　　土器——燒製土器的原土由於成份不同，而有普通土（tudnakatama）和上等土（tonotana）之分，因是族人所燒製的土器，自亦有優劣不同。燒煉的方法，不是在沙灘上挖坑，而是在沙灘用石堆積為之，這也許是較之挖坑更易保持溫度之故。木薪的溫度可能在一千度左右在炭火中央的地方溫度最高，故此放在中央所燒成的陶器，硬度也最高，而成為非常珍貴的藝術品。

　　有一些最為珠貴的土器，雅美人已知在原土中混合以夜光貝（radetan）的貝殼碎，燒製後的陶器，可得非常美麗的點點閃礫的表面。

　　有一些土器的邊緣，在土罐的內外用指甲彫成各種幾何文飾，這種裝飾，並無

115

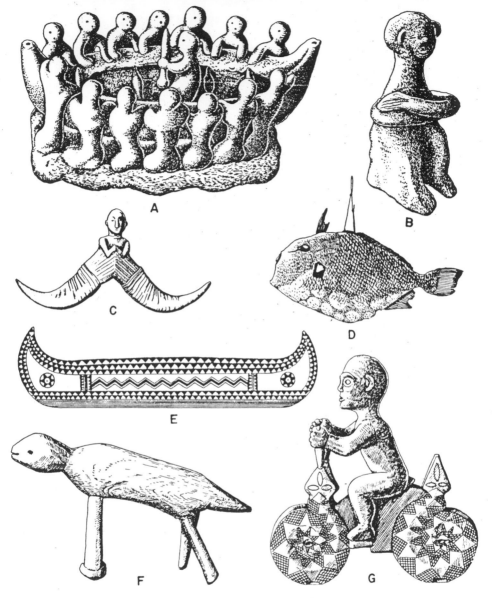

　玩具，ＡＢ為粘土燒製的土偶；Ｃ為羊角雕刻的精靈像；Ｄ為河豚魚乾，Ｅ為木刻小舟，ＦＧ為木刻獸類和乘車者。（採自陳奇祿）

宗教的意義，完全是為了美觀來加飾的。有一種不施裝飾的淺盆或土罐，乃在土罐十分乾燥，用石塊把外表磨光，燒煉之後，則得頗為美麗的光澤表面。

　　土偶——在燒製土器時，他們乘興也製一些土偶為樂，叫做 tau-tau 。這些土偶有人、豬、羊、龜、魚以及漁船等，都是表現他們的生活有關的事物，由於它

116

是出自純粹的娛樂而不帶有實用的目的，故此可以稱它爲藝術品。

這些土偶的造型，都非常簡素，稚拙而天眞，隨興而作，不求修飾。其中以立像的土偶爲多，但亦有坐車或母親抱着嬰兒喂乳，打架或閒息時的蹲伏像等，日常所見的生活上的各種姿態。

製造土偶，多在十月間不能出海捕魚，而在休閒時才製作，旣往大多由老人或兒童們所做，近年由於引起外來人的注意，購買此等土偶做紀念的人很多，故此每次也做得很多，貯藏起來，準備賣給外人和換取物品。

按鹿野氏的說法，認爲這些土偶確與信仰無關，完全係人類的裝飾本能或游戲本能所致，所有土偶的形體都是從作者的想像中創作出來的，在立體的造型上，線條和運動都非常單調；但這種「單調」却是獨特的。因爲雅美族人的生活，原本就

雅美族的編藍藝術。

是非常單調，同時他們有生以來就處於和平中，而這種所謂「單調」，也正是在表現他們的樸實與美德。

　　如果我們站在藝術的角度來欣賞這種樸素的土偶，也許在啟發我們，如何把立體加以單純化，而單純幾把它消略至平凡的程度，這正是原始藝術的特色，也許就是我們畫家所欲追求藝術的純粹要素。

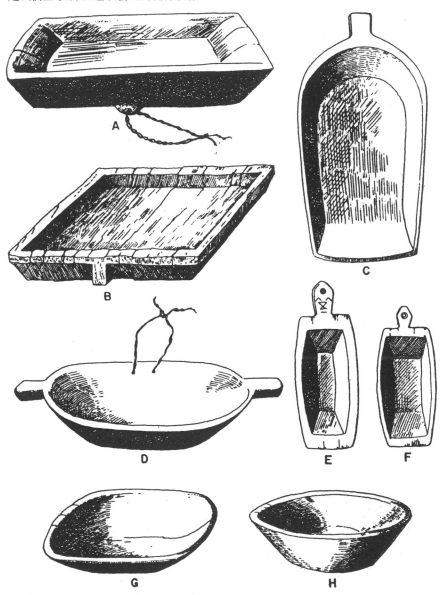

雅美族的木製器用。（採自陳奇祿）

關於土偶的燒製，在台灣諸族中，僅見於雅美族。台灣本島的排灣族善於彫刻，但雅美族在漁船的舷側也有傑出的作品，主題有人體（ niwatikan ），太陽（ arau ），椰子樹葉，以及幾何圖文。但是這些象徵文樣，只應用於木彫，未嘗在土偶中發現過。

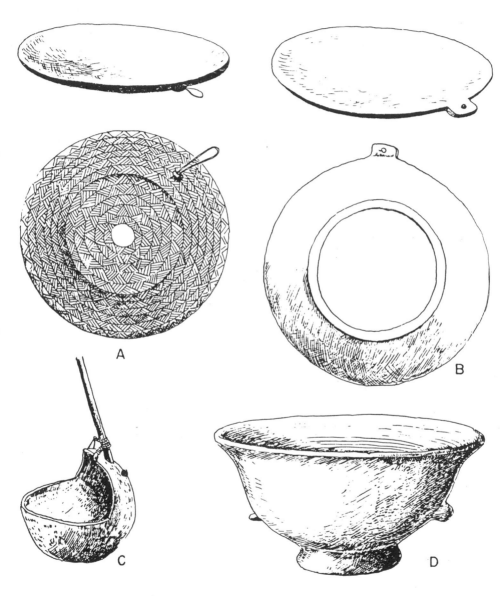

雅美的各種木製碟子和木盆，C是只供盛飛魚湯之用。（採自陳奇祿）

〔9〕漁船

1.造船的準備

　　蘭嶼有兩種漁船，屬於私有的二人或一人所乘者爲一種小漁船（ tataran ）
，屬於漁團所有者，而有十人合作共同撈魚爲大船（ chinurikuran ）。這些船隻
的舷側兩邊，其中有一種施以彫刻，和未施彫刻者兩種，前者叫 ipanitika ，後者
叫 ipiroaun 。前者施有彫刻的船，價值比後者高很多。

　　這些漁船，不論大小，都是狹長同一類型的木船，船底尖，兩頭翹起，大船長
約十餘尺，寬約二、三尺；小船長約五、六尺，寬約二尺。

　　造船和建屋一樣，在族人視爲重要的技術工程，同時在每年七、八月較空閒的
時節才造新船，至如舊船還堪使用，就隨時修理。普通一條船可以使用三年，長者
可達五年。

　　蘭嶼的船形，以及使用拼木技術所建的船隻，都是從祖先傳下來的體驗和教訓
，非常巧妙地組合而成，他們沒有圖樣，他們所具的高等造船技術和卓越的航海精
神，使我們不禁爲之汗顏驚嘆。

　　建造一艘大船，事前却要很長的準備時，建造大致是從六月開始。最先要在社
中找一塊空地，一如我們的工地，在旁邊還先建一所小工房，以爲放置各種工具。
空地的選擇，大致是在船長（ 把舵的人 ）家屋的前庭，這是便於指揮之故。

　　木材是選定吉日（ abiubu ）的一天，開始到山裡砍伐龍眼樹和其他木材，船
上所用的各式船板，乃依船部位的不同，而有數種木材，可是這些木材，都要跑到
很深的原始林中，才能够找到大樹木。代木的工具因爲沒有鋸，僅用自己打製的一
種小斧（ wasai ），但是它的力量，居然能够把一根幾及三尺直徑的大樹倒下來
。

　　船板自然是用小斧慢慢地一塊一塊從一根圓形樹幹砍出來，至如船舷有些彎板
，却是從一根天然的板根砍下來的。他們用以造船的木材，是必要用「 生木 」
（ live-tree ），這和禁忌無關，據說使用枯木，在熱帶地區中，不但容易腐朽
，而且也容易招致白蟻的嚙吃。

　　大凡造船木材、最初切裁的一塊是船尾所用的龍骨（ ipanogan-no-mauji ）
，後的一塊是船首和船尾之間鋪在上方的那塊船板（ pakaratan ），這塊隆起的
船板，是船中最大而又最濶的一塊。

　　族人們僅以一把小小的斧頭，而能鑿出如此一塊寬板，這種毅力和堅忍的精神
，是令人驚訝的。由於許多木材不能直接在山上完成，它必須運下山來，才能修正
和組合，因是從山上運到山下的半成品，有些重達四百公斤，而且運輸全藉人力，

120

　　热帶雨林中，有很多長成「板根」的大樹，由於它長得寬闊並作扁狀，故此很合適來做船首和船尾部位的材料。圖示族人把「板根」從山上撞下來，將近抵達村落，大家就沿途吶喊，婦女們就從村中出來歡迎，準備水芋魚肉以示慰勞。

右圖：一艘新船竣工後，親友們都前來加以評價，對工作的人讚賞一番。

左圖：族人造船，利用油煙細繩在船板拉直線，一如我們木匠所用的方法。

島上並無任何獸力可以應用，其艱苦當可想見。

2.船隻的構造

　　在南洋群島的舟楫，都有「浮板」（ floating boards ） 附於船側，以爲平衡船隻的飄動與避免翻覆。可是蘭嶼漁船，完全和南洋群島的原始獨木舟不同，而不附有浮板的。

　　蘭嶼漁船的建造方法，係在船底最下部的龍骨爲基礎，船舷的兩側，由若干船板拼組而成。其組合所用木材，乃依照部位的不同，而用各種具有特定木質的各種材料，板與板之間，必須能互相密切接合，事前都經過精密的考慮其堅固性和安全性。

　　因是建造這樣的一艘大船，必需要一個有經驗的長老，才能指揮。決定一艘船的外形，共需船板計二十一塊。最初就是龍骨（ ipanogan ），龍骨又分爲船首和船尾的兩種龍骨，兩者都是作彎曲形，而由船底的龍骨（ papan ）兩端予以結合。

　　龍骨的組合完成後，其次就是和龍骨接合的六枚船板。順序是先安裝中央的 pabakun-no-patouna ，在其兩端接以 kabusan-no-patuna ，繼之，再連接

patouna　板，如是完成船板結合的工作。

　　靠近船底的船板，由於必須把船隻的重心降低，故此都把較重的板裝在船底的下面。船腹的橫斷面，即 Papakun　板的部份，使之稍稍隆起，以防船身在海中作激烈的擺動。

　　船板的接合，都是用木釘（ Baneulai ），這些木釘是用桑木（morus alba L, Pasukk ）　來做，直徑約1.2公分，因為桑木的質地最富韌性。一艘十人乘的大船，約需三千根這種桑木釘。船板經用木釘接合後，在其表面塗以赤土（ burirao，laterite ），目的使板面平滑，然後在板縫中塡以「根棉」，或塡以絲芭蕉（Abaka）　的麻絲，以防漏水。

　　船殼完成以後，另一個步驟，就是安裝支架，以為船板的補強。先在中央部位，裝上兩把弓形骨架（ magiro ），與船的斷面曲線密着。繼之，則在船身的裡面支持以四根橫木（ panohato kawan ），以為船身的整個補強。

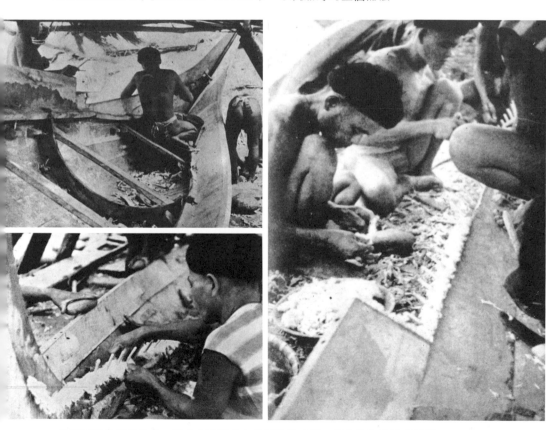

　　造船不特在原始社會，即在文明社會也屬艱鉅的工程。族人造船並沒有圖樣，一切依靠上一代的口傳和自己的記憶，就能造出可乘十人的大船。普通一艘船，可用五年。

　　族人的造船，乃先把龍骨安放於船底，由許多塊木板拼組而成，板與板之間以桑木釘接合，再以軟藤縛緊。船隙填充蘭嶼特產的一種「樹綿」，可防漏水。圖示造成兩端尖角而向上彎的半月形船體。

　船體外部細加雕刻。在船首尖端處各刻人形神像，祂是世界最早的男人，叫Ma-mooka；兩頭彎曲部各刻太陽，象徵「船之眼」，以為驅邪。色彩的紅、黑、白三色，此等天然顏料，雖經海水洗刷，經年而不褪色。出海時常在船首插一雞尾所製的Molon，以保航行平安。

　蘭嶼漁船各部所用木材，可以略舉如次：

1. 龍骨　　木材學名Pometia pinnata
2. 船首龍骨　學名 Nauclea trunceta
3. 船尾龍骨　學名　同　上
4. 船首及船尾上的船板　學名 Ficus Kotensis
5. 座板　　　　學名 Belischmiedia erythrophylla
6. 舵把手　　　學名 Biospyros utilis

　上列為主要的木材，事實上，一艘上所用各部的木材，多達十一種之多，從他們對各種材質上的考究，可以說是達到高度的技巧，絕非南洋一帶的原始木船可與比擬。

　族人使用的櫂，也可分為兩種，其中一種用於找船的櫂叫 avat，另一種則為船棒稱 savirakk，前者長度普通為兩公尺，後者則長達五公尺。一人乘的小船有櫂兩根，兩人乘的小船有四根，至如大船則每人一根，即八人乘者有八根，十人乘者則有十根。

新船落水儀式，各村的族人都穿著禮服前來參加盛典。

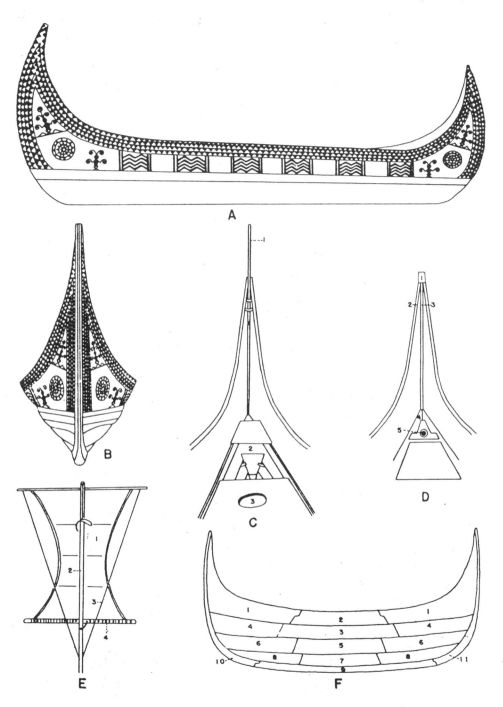

雅美的漁船：A為側視圖；B為正視圖；C為大船的船首；D為小船的船首；E
為帆；F為身體的拼木構造。（採自陳奇祿）

3.漁船的裝飾

　　新船竣工以後，則在船體上施以彫刻。在船首和船尾的突出部插以黑色的雞尾，它叫做moron。

　　船體上的一切的裝飾，一如其他自然民族的觀念，它並非爲「美」而作，而是一種信仰的表現，所有文樣都是依循傳統，而帶深厚的呪術意義。

　　船體的彫刻是由所屬組員來繪畫，有時也有由隣社的朋友前來幫忙，整艘船身繪好圖案（patterns）以後，才依着順序由若干富有彫刻經驗的彫刻師，先從第一塊上舷的舷板開始，彫至第三塊舷板。這些連續的圖文，有手牽手的magamaog人體連續文，以及幾何的連續文第。

　　在船身的兩面腹部，彫有「船之眼」（mata-no-tatara），是最重要的一項文樣。這一圖形文是由若干的同心圓組成，其中有一些帶有一個眼睛之外，沿圓形邊緣的三角形，正是象徵着偉大太陽的光芒向四面八方放射。

　　雅美族人叫太陽爲arao，他們一如世界其他民族一樣，自古就崇拜太陽。在一般人類的原始思想中，深信洶濤駭浪是海中的惡神造成，船首上的「船之眼」，正是爲了驅邪招福而設的。也是一般原始民族共通的精靈崇拜觀念的所致。

　　船飾所用的色彩，乃使用非常强烈的紅、黑、白三色。凹部塗白色，凸部塗黑色，沒在水裡的四塊船板，則着以朱色。這三種顏色的配合，頗能使人產生愉快感。

　　上述的顏料，朱色乃取自天然赤土，黑色取自煤煙，白色乃採夜光且經研磨後所燒煉的塗料，所用材料，雖經多年的水刷日曬，而不易褪色。

〔10〕利器與鍛冶術

1.武器的種類

　　蘭嶼是一個孤島，由於未受外界的騷擾，故此雅美族人，常被視爲一個和平的民族。實際上，他們在本族之間，因侵佔別人的財產，或爭水田、或爭伐木材、超越水界撈魚，彼此之間也常爭執而起戰爭。

　　在紀錄上，雖然未見有外人侵略蘭嶼之事，但據傳說，雅美族人曾到過巴丹島，而與當地土著戰爭過，或者掠刦過別人的東西，亦未可知。

　　雅美族人在孤島上的爭執，只限於一個社和另一個社的對立，或同一社裡的血親組成一個戰鬥的單位，有時女人也參加。

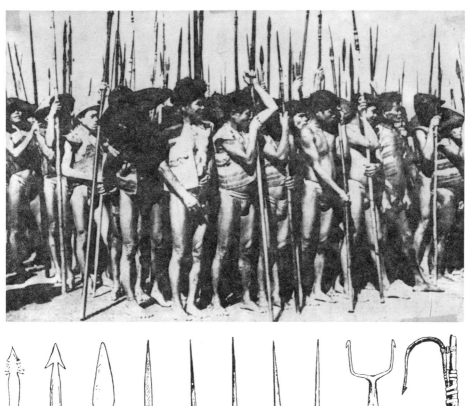

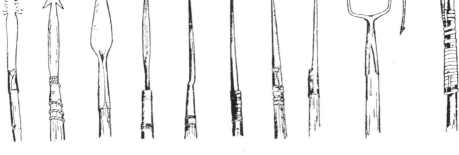

　　雅美族人不是獵頭民族，而且很少戰爭，但他們卻精於製造各種武器。圖示各種鐵製的槍頭，其中一部係用作驅鬼，一部用以捕魚，它都裝在長約兩公尺的木杆上。上圖示族人持長槍準備參加祭祀的儀禮。

　　雅美的武器，初時無疑地是為攻擊敵人或為自身的防禦而製造，然而迄至今日，所有武器已成為祭儀或驅逐惡靈等而用。原為利器今日已為一種祭具。武器的種類，約有棍（club），矛（spear），短劍（dagger），尖石（sharp stone）手斧（axe）等；防禦用的則石盾（shild），甲冑（armour）和盔（helwet）。

　　棍──棍是一種原始武器，它是用一種硬木削成，故此很重。這種棍亦普見於蘇門答臘西部的Enggano Is.以及菲律賓，但它的形式稍有不同。

刀——刀有兩種，雅美族的大刀（barau）是沒有刀鞘的，一般双身長約四十公分，中央最寬部份二十五公厘，有人說它是從中國古刀的一種變形。另一種是短刀（takurisk），也稱短劍，它附有刀鞘，上結以籐編的肩帶，族人把它掛在肩上。刀鞘的構造，一面是密封，一面則是半截木板，而將刀双外露，這種型式的刀鞘，頗與台灣本島山地一部份的刀鞘相似。族人外出，經常掛在肩上以爲防身或烹飪之用。

雅美族人的takrrish與馬來語的Kris發音相似，馬來人叫短刀做kris-pandak；叫長刀做kris-panjany，故此有學者認爲蘭嶼和馬來爲同一語系。

台灣本島卑南族叫短刀，也稱takurish，和雅美相同，同時短刀也是掛在肩上，習俗和雅美完全相同。

矛——矛也稱爲槍，在族人也有兩種，以鐵製成的叫shishikud，以木或竹削成的叫Kayu。槍矛在族人中是一種最重要的武器，旣往主爲族人的護身所用，現在則用於祭祀和儀式。使用方法和馬來亞諸族及台灣東海岸的阿美族相同。昔日戰爭時，即左手持盾，右手投槍。

盾——盾的原料是用籐梗和木頭做的，卽用若干木板拼成一列，再用籐索梱起來。內面有一個把手（handle），尺吋大小不一，依盾的大小而異，盾的大小也不一致，依使用人的身材高矮而定。普通高約八十五公分，寬約五十公分，可以遮着半身和足部。

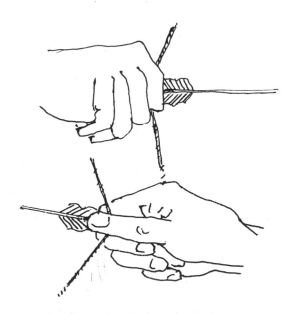

現在雅美族人是沒有弓箭的，但鳥居氏認爲早期族人曾經製造弓箭。由於馬來諸族和弓箭的使用非常密切，故此他曾就各族的拉弓法（release）來測驗雅美族在人類學上，是否與其他馬來諸族有關。圖示雅美族的原始射法。

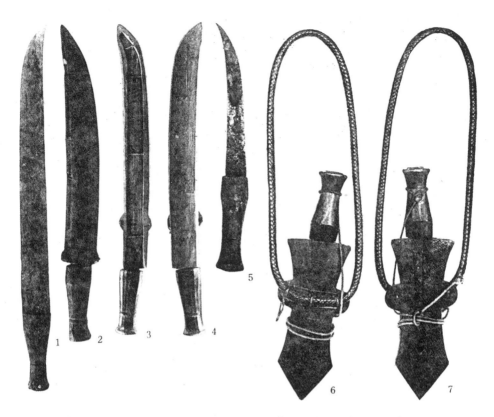

雅美族有三種番刀，1至4為長刀（Pararowai）；5為短刀（Ipagan）；6、7為匕首（Takkurus）。這些傳統的番刀，現多作祭祀時禮刀之用。

在馬來亞諸族中，盛行用水牛皮來製盾然後在皮上再施色彩，其上嵌以貝殼的細工。北呂宋諸族與蘭嶼相同，都是用木來做，與蘭嶼不同者，菲島的盾或用某種植物的樹汁，把它塗成素色，甚至在盾的內裡，都施以簡單的彫刻。

蘭嶼的盾則比較簡單，間在盾上見有畫一個「Ｘ」形符號，據說用於埋葬儀式的盾，才加上這些記號，如果用於投石戰爭的盾，是沒有這種Ｘ形記號的。

甲冑——甲冑有許多種，一種是把樹皮和籐梗梱在一起而做成的；一種是把許多魚片、魚皮梱在用籐編成的架子上做成的。有些老人藏有的皮甲叫pagad，據說是從巴丹島取來的。他們說大致在三百年前，他們的祖先乘船到巴丹，把這種危險的動物的皮運回來。這種動物，雅美族不知是什麼，其實就是水牛皮，因為蘭嶼只有山羊而沒有水牛。

投石——族人在遠距離的爭鬥，多用石子來做武器，用投石來打鬥，可能正因為環境到處都是石子，所謂俯身即得。族人叫石為batu，由於從小的時期則開始訓練投石，故在族人，不論左右手，都能百發百中，使外人驚為神技。據說昔日族人雖無「投石繩」，但有割竹投石法，但現已不可見。

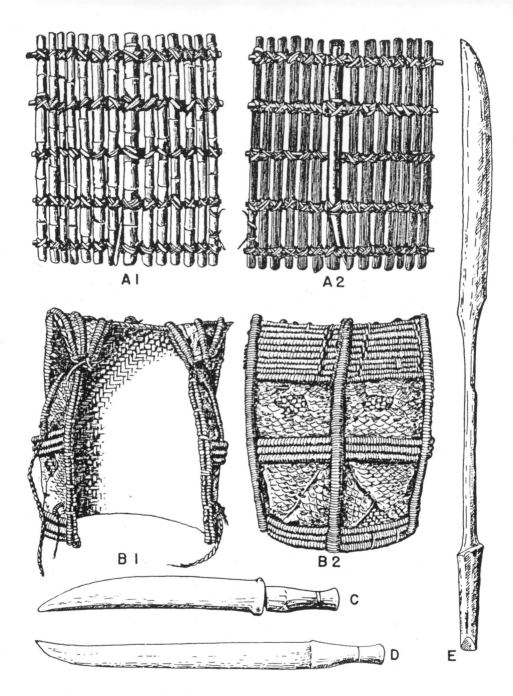

雅美族的武器，A為籐盾；B為籐甲；C為番刀；D為以硬木削成的木刀；E為
木棒。（採自陳奇祿）

弓箭——弓箭在蘭嶼現在雖不可見，但根據鳥居氏的記錄，略謂蘭嶼的兒童常玩弓箭，由此可知古時蘭嶼可能是有弓箭。E.S.Morse 氏的著書中，曾論及由於弓箭的射法，可以察知人種的異同。在他著作中，把射法（ arrow release ）分做原始射法（ primaly release ），第二期射法，第三期射法以及蒙古射法等等。雅美族人叫弓爲 paritun，叫箭爲 biogi，故此有些學者認爲族人既有弓箭的固有的名稱，如果再參考Morse 氏的射法，可能得知族人的來源或人種的從屬，根據記錄，認爲蘭嶼的弓形，是屬於「半弓」形，箭是用竹削尖，而無箭簇，且小而短，弦是用麻絲做成，常爲二線揉成拼用。即從它的構造和族人的原始射法中，可知蘭嶼即使有弓，在當年也是非常幼稚，地區並不廣濶。

至如在南洋群島的諸族間，弓箭的使用例如婆羅洲諸族，盛行吹槍（ blow gun ）或吹箭，然而在菲島的小黑人以及北呂宋諸族卻盛行使用弓箭。

2.鍛冶術

族人的鍛冶術，很早以前就知道鍛冶鐵斧（ wassey ），並在其上穿有柄孔，以籐條縛柄（ kubar ）。且知利用鐵棒把一端研磨鋒利而爲鑿。據說這些鋼鐵原料都是早期從中國商人帶進蘭嶼的。

利器的鍛冶術雖然在台灣山地可以普遍看到，但金銀工藝則獨見於蘭嶼；換言之，雅美族人是台灣唯一知道金銀工藝的土著。由於島上並無金礦，學者深信他們用金銀製成許多的男用繭型胸飾，這些金銀原料，都是從巴丹島輸入的，甚至他們對金銀細工的技術，也是從巴丹土著那裡習得來。

黃金在雅美族的社會裡，巫師用它來作法，爲病人治病，也在祭祀的儀式中，祭司用來祈求豐收與出海平安，在社會各件糾紛的事件中，也用它來作賠償或贖罪的珍貴品物。

學者們認爲黃金和白銀，大約在十七至十八世紀之間就輸入到蘭嶼了，輸入的數量雖然不多，但在那個時期我國古籍中（約1730），記載蘭嶼出產沙金，因此一度引起大陸上的泉洲人，帶着黃金夢到來這個孤島，而造成蘭嶼有史以來最繁榮的移民。

事實上，蘭嶼的銀，大部份是早期西班牙商船從馬尼拉駛往中國沿海，這些船集常因颱風或其他原因觸礁在蘭嶼近海沉沒。這是雅美族獲得銀元的最大來源，據說這些西班牙銀元，都是在墨西哥鑄造的。

另一種銀元的來源，是中國商人向雅美人買猪隻，到了日據時期，就流入了更多的日本銀元。這些銀元的傳入，繼之促進了雅美人的金銀細工和鍛冶術。

例如銀兜以及各種的銀飾裝身具，銀兜是由打簿的銀片，採用繞圈法組合而成。打製銀兜時要遵守許多禁忌，完工後，也要舉行慶宴，殺猪一隻，把猪血撥在銀兜上，否則銀兜就失去靈氣，不能驅邪。

新船落水，或在泛魚期來臨的時候，其時所舉行的各種儀式，男子都要戴這種

銀盔參禮，有時也把銀兜懸掛在乾魚架上，它是有尊敬魚類的巫術宗教的意義，統括而言，雅美族人之精於鍛冶術和銀細工，都是和信仰有密切關連。

〔11〕藝術

1.美術造型與色彩觀念

美的慾求，是人類最顯著性格之一。人類似乎不能離開藝術而生存，而藝術也似乎僅見於人類，人類在洞窟和岩石上的刻線畫和彩畫，在舊石器時代則已開始。雅美族人的愛好藝術，自亦不能例外。

關於蘭嶼的文化研究，自日治時期以來，資料雖較台灣本島諸族的記錄為多，但對於藝術的研究記錄，則並不多見。例如雅美的飾文只有當年鳥居氏的資料最為詳盡，近年則以鮑克蘭女士（Beauclair）次之，至如音樂和舞蹈，也只限於近世的呂炳川和李哲洋諸人。

雅美族人是喜愛藝術的民族，在船體及器用上以及在家屋的樑上，木柱上常施以幾何學的文飾。

上列文樣是飾文的基本形，以若干基本文組合起來，則得複雜的飾文。

至如圖中最右所示的兩種文樣，一為山羊角，另一為蠶繭形，族人以夜光貝殼

☰ Tagtagram	▦ Shirushirun	Ⅴ Olong
+ Manuck	▨ Ususu	8 Ubai
× Ipusu-no.Arawa	∿∿∿ Kuttai	
◁ Ichechem	∿∿∿ Ususu	
⟨ Brabrau	○ Mata	
□ Tarikurin	⊙ Mata	
◇ Shiko	◎ Mata.no.Tatara	
⬠ Kammai	◖ Chichimid	

雅美族人的基本幾何文。

蘭嶼的船飾文樣主由正反三角形、菱形、螺旋文等組成，船腹兩側並雕以波文，成上下左右對稱排列。主文的「同心圓」其意似指太陽，族人稱它做「船眼」；其次是「人體文」的連續螺文造像。自然民族飾文的創作，目的並非在於裝飾，而是一種信仰或與咒術有關連。

刻成耳飾，男子戴角形耳飾，女子則戴繭形耳飾。

　　族人繪畫的主題有人物、山羊、豬、魚、椰子等，有以彫刻來表現，也有不少是用鉛筆畫在紙上，只是少有留存而已。

　　族人對於色彩的觀念，鳥居氏在早年曾經做過一次調查，他以土語的名稱測驗雅美族人對色彩的觀念，得知他們呼黃綠為同音，赤紫兩色的發音甚相近似，且視黑色為無色。

赤	Shitarasuku	靑	Imaurud
黃	Shikup	黑	Shinagat
綠	Shikup	無色	Shinagat
紫	Chitorashi		

　　在實用上，他們的常用色只有赤白黑三種，赤色應用天然紅土，黑色用木炭，白色用貝類，珊瑚（白色），和石灰岩，上列原數都是先研成粉末，應用時以樹汁為粘着劑。

　　族人的衣着顏色不似台灣本島的排灣或魯凱諸族，喜歡複襍的配色，一般多以黑、白、赤為主。

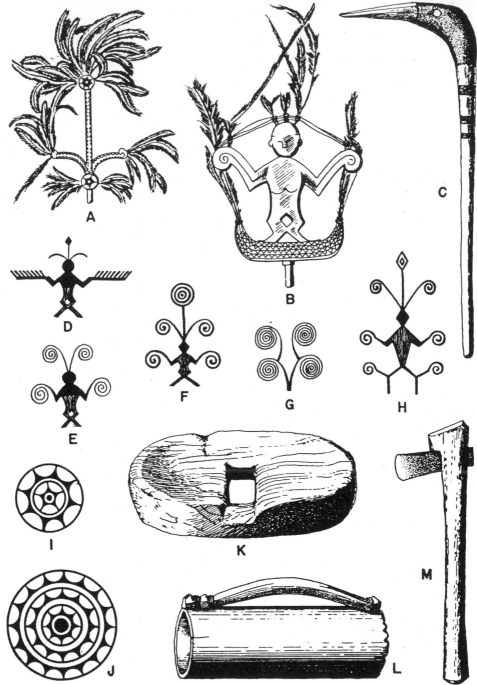

　　A、C爲飾杖；D、J爲漁船各種飾文；K爲船上的座墊；L爲竹製橫檔；M爲
手斧。（採自陳奇祿）；

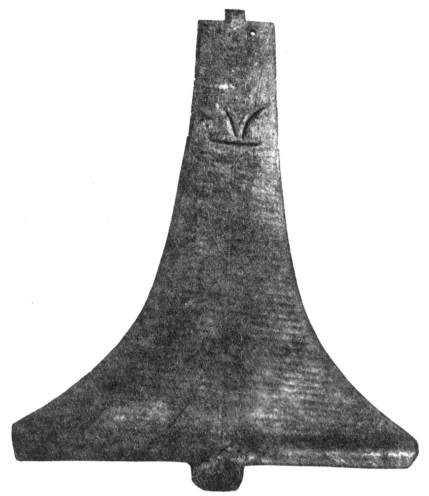

　　主屋中的主柱（Tomok），它是支持整個主屋的柱子，爲一根獨木，作倒扇形，上雕羊角一對，意爲吉祥與山羊同壽。

2.音樂與舞蹈

　　不論是文明前期或後期的人類，歌唱總是出現於語言以前，而舞蹈應與歌唱同時產生。關於台灣土著的研究，在旣往半世紀以來，只有對體質人類學、生物學的、或語言學的各方面研究了很多，直至台灣光復以後，才由我國呂炳川和李哲洋兩位教授，對原始音樂開始研究。

　　即在一九六七年，呂氏携帶了錄音機到蘭嶼，一共錄了一百十四首歌曲。大凡原始歌曲或民歌，常常由於旋律法的構造，諸如移調和轉調，這些音階構造，有時是很難把它譜出來。

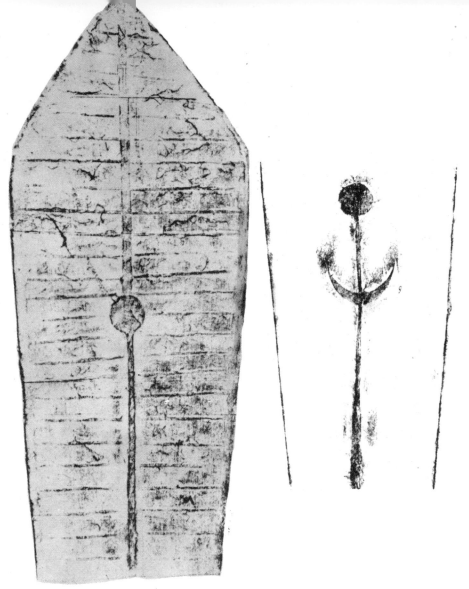

小船的櫓槳（Savirak），雅美人是用雙槳划船，槳長約二公尺，大船的槳約五公尺，上刻文樣，乃帶有呪術之意。

雅美族人的生活，大部是漁撈，耕植水芋和山羊的放牧，故此許多歌曲都是和上述諸項有關。有關祭祀的歌曲，例如船祭，飛魚祭，家屋落成祭等等，其中特殊的祭祀，如粟收成的豐年祭等，大別約有一百廿七首歌曲。

在台灣本島諸族中，除了特殊的「獵頭」歌以外其他的歌曲，大都屬於男女一同齊唱為多；但蘭嶼雅美族屬於男女齊唱的歌曲則很少，幾乎都是由女性唱的。同

新船落水時所用重要祭具飾杖moron—no—ipachikakai，它是由硬木雕成的一根
支架，下部固定牛角一對，掛空罐與網鈴等，上部插數撮黑色雞尾，以為向天神求
福。它是屬父系世系羣的共同財產，同時也象徵父系羣的榮譽。

時雅美族是沒有獵頭的習俗，沒有戰爭，故此蘭嶼所有歌曲的內容，大都屬於漁撈，漁船落水禮、情歌、搖籃曲，歌頌祖先功績，以及舞蹈曲等等。

由於雅美族沒有頭目制度，故此更沒有類似英雄崇拜的歌。族人對於死靈具有極度的恐怕心理，故此很少聽到他們唱類似「泣歌」的歌。族人的歌詞大都屬於即興的歌為多，它和台灣本島諸族的歌少有關連。

最使人注意的，就是雅美族與本島諸族不同，他們是沒有樂器的。當他們舉行粟祭時，只利用杵臼來打拍子，許多歌曲幾乎全用掌音為拍子，從未見到他們有過口琴、弓琴、鼻笛或竹製的任何樂器。也許是因為蘭嶼沒有生產竹的關係，以致不知製造樂器亦未可知。至如巴丹島的土著是否也是沒有樂器，因台灣對於巴丹的資料無多，固不得而知，不過，我們所知的，竹器的樂器常常早於木器的樂器，如果巴丹產竹的話，也許巴丹土著的歌曲發展，會比蘭嶼更進一步的發展，當未可知。

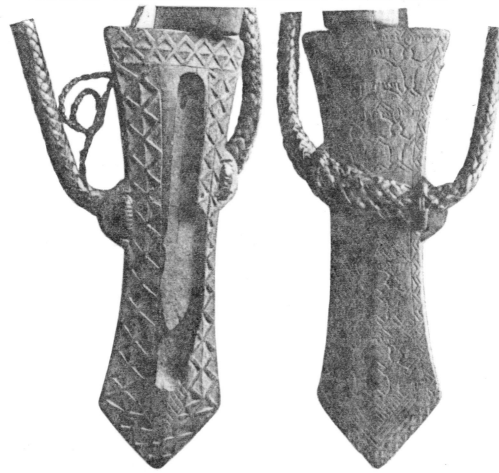

雅美族的匕首刀鞘飾文，鞘表為幾何文，鞘裏為人文。以細藤編掛索，非常精緻。

蘭嶼原是古代火山爆發後的遺跡，是一個死火山的島嶼，主要由火山岩組成，它在地質上乃與菲律賓巴丹島相連，故此它的生態和台灣本島並不一樣。

蘭嶼像一個不規則的菱形，形勢係從西北綿延到東南，山巒重叠，由於它是位於熱帶地域，常年雨量充沛而潮濕，熱帶植物非常茂盛。

雅美族人的住屋依山而築，有正屋、工作屋、涼棚以及畜舍等。由於族人畜牧都是開放，不論雞和豬羊，任其自由跑動，圖為山羊在畜棚下乘涼。

海邊停留着許多漁船，大都是兩人乘用，而是專屬於個人所有，大船則是屬於漁團，大者有八至十八乘坐。圖示朗島海灘在夕照下的漁船。

雅美族人是一個海洋民族，在他們生活上，捕魚集團是一個基本社會組織，它所以形成有這個集團，是由於地理環境之所致。

原始社會大致都是實行「共享制度」，撈得的魚隻，依人口平均分配，或分贈給親朋，不似我們的文明社會，獨吞獨享，貪婪無窮。

蘭嶼的漁舟和南海的漁舟迥異，而且不像其他地區採取簡陋的方法用獨木製成，而是一種拼木的木舟，船首和船尾作翹起狀，造形非常優美。

雅美族人的漁船船首，彫有四隻「眼」，土著們叫它做「船之眼」，它的功用是用於驅除海怪。眼的周圍附彫以種文樣，以作漁團的識別。

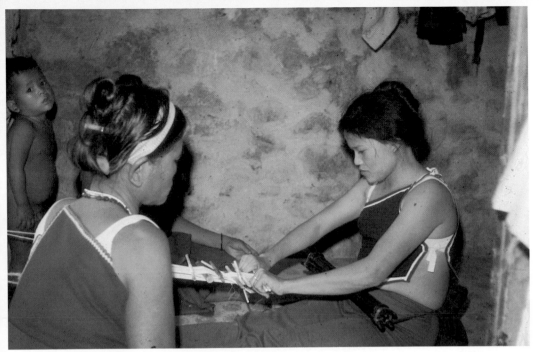

蘭嶼有苧麻和白裏苧麻，都是該島的野生麻，都可以作為衣料編織的材料。族人的婦女衣着限於紅、黑、白三色，莊嚴而美麗。

族人的涼台以木架柱，寬長約五呎，用獨木梯子上落，夏日酷熱，族人多在涼台上作息或睡覺。

蘭嶼的聚落，大都密集而居，一戶連一戶，幾難分別其界限，甚至找不出道路，但却有很好的排水機能，圖示地下正屋所露出的屋頂。

台灣本島諸族，早已遺忘製陶方法，今日仍繼續者，可能只限於蘭嶼。雅美所製陶罐多不施文飾，所製土偶粗獷而可愛。

Baro樹根下所生的棉狀物質，族人用以
堵塞船縫，為一種天然防漏材料。

筆者每到蘭嶼，都是投宿雅美人鍾加三家，
圖為一九八〇筆者攝於鍾家芋田附近。

陶器的製作——每年秋季，族人都能自製陶器，以為日常飲食的器具。依器用的不同而有兩
種製法。圖示水罐在等候燒鍊之前裹以芋葉以保其光滑。

人間天堂的蘭嶼，在文化人類學上仍然充滿了無窮的寶藏，它的命運繫在我們和族人的兩端，只是不知關懷它的到底有多少人？

原始社會乃以禁忌來維持倫理道德和社會秩序，以祭祀來增進社會的關係。由於雅美族人沒有樂器，跳舞時僅以木杵擊地以為節奏。

　　原始社會的人類，在長成中不斷的受到危險和疾病的殘害，成長後又因生存必須艱苦工作而耗掉可貴的時光。個人的「生活」，從幼兒開始到生命衰老，很少有存在的餘地。只有在日落餘暉的短短時間中，藉以獲得瞬間實際的優閒，來創造文化與藝術。

　　　關於雅美音樂的初步研究結果，呂炳川和李哲洋教授認為依照目前許多研究資料尚難獲致定論，因為音樂並不僅限於音樂的單一層面，必須同時對文化人類學、語言學、聲韻學，心理學及美學等，作一全盤性的立體形式來探討。

　　　如果把雅美音樂和其他諸族的音樂來比較，我們在概念上，雅美的音樂比之其他諸族都較帶有原始性，而且韻律也較低沉。如果我們研究過本島諸族音樂的話，才能分辨出來。

　　　舞蹈在雅美族中，只有女子行之，而且也僅限於月夜舉行。在廣場或海灘上，邀十數人，手拉着手圍成圓陣，唱悲韻的歌調，共同舞蹈，簡單莊嚴。祖傳舞蹈據說有九種，其中以「髮舞」為最著名。這種舞蹈，為隨脚步的前進，而前後擺動其頭髮，愈搖愈利害，屈其腰以將髮端拂地，直至面色蒼白，氣力用盡為止。

　　　雅美族女在畫間是不舞蹈的，她們認為日間舞蹈被男人看到，是一種恥辱，這種觀念，無疑是從禁忌而來。

〔12〕語言和神話

1.語言

　　蘭嶼雅美族人與巴丹土著的語言相同，屬於南島語族波里尼西亞（Polynesia）語系的巴丹方言，雅美族語是一種很簡單的原始言語，語言的單字，雖僅有四百左右，但它的發音很長，而且捲舌音很多，外人學起來很不容易。

　　族人天性溫和，見到生人就叫一聲"gou-ka"，它是表示歡迎和問候之意。在喚人時開始都有一句"a-na"，相當於「喂」的意思。從他們說數字一點來觀察，他們的數字發音，與本島山胞的發音，有若干數字是相似。茲將雅美族的數字發音列下：

1：A-sa	11：Asa-ikalowana
2：Du-wa	12：Duwa-ikalowana
3：Ado-ro	20：Aduwa-gulanan
4：Aba-tu	21：Asa-Oika ikatluna
5：Ali-nan	100：Asa-poo
6：Anumu	200：Aduwa-poo
7：Bi-tan	1,000：Asa-lanasa
8：Wa-wo	10,000：Asa-libo
9：Si-yun	
10：Poo 或 Asa-gulanan	

　　本島東部的阿美族，在十位的數目中，就有五個與雅美相類同。例如「三」，蘭嶼雅美族語為 ado-ro，阿美則叫 doro；「四」雅美語叫 aba-tu，阿美語叫 Shiba-tu；「六」雅美語叫 auumu，阿美語叫 Wunumu；雅美的「五」與「七」，阿美語則完全和它相同。又如父母，本島土著大都稱父為 Ama，母為 Ina，它與雅美族全相同。此外如「火」叫 apei，聚會所叫 balakan，則都是一樣。

　　雅美的老年人講話，在每句話的中間，必定加上兩三個像咳嗽一樣的音進去，這是表示莊重。

　　族人在稱呼別人的名字時，在名字前常冠以「shi」音，稱呼地名時，則冠以「i」音。蘭嶼六個部落的地名，前面都有 i 音，例如他們稱巴丹島為 i-ba-tan。

2.神話

　　雅美族流傳著神話頗多，茲選其二則：「太古的時候，從南方來了一位神人，首先創了小紅頭嶼，然後再創造了紅頭嶼，隨後就回到南方去。」

「神人創造了蘭嶼以後，不久從南方回到島上，在紅頭嶼的山頂（paput）上，觸動了一塊巨人的岩石，巨石落到海中，引起一場海嘯，使天地共鳴，震憾了整個紅頭嶼。這塊巨石，轟然一聲分做兩半，從石縫間躍出一個男神叫Nemotacolulito，神人邁步向西南林間走去，搖憾一支巨竹，於是從竹中爆出另一個男神叫Nemotacolugawuly。從此兩個男神往來頗為親密。

有一天，兩神並枕而臥，來自岩石的男神，忽然覺得膝蓋奇癢用手撫摩，忽由右膝生出一男，左膝生出一女。當時來自巨竹中的男神，看到了情形，模倣着撫摩膝，居然也生出了一男一女，兩男神各自所生的男女，結成夫婦，但是生出來的孩子都是有病，後來大家交換嫁娶，才生出了許多可愛而健康的孩子。」

由於上述的神話，故今日蘭嶼族人有三種禁忌：

(1)　紅頭山上的岩石，不可觸動；

(2)　竹樹不可亂砍；

許多動物都是上帝為牠創造了美，最醜陋的動物該是人類，故此許多事物，只好由人類自己來創造「美」。人類的創作藝術，確實由於先裝飾自己而來，從這美感的意識，同時產生了強烈與亢進的性慾，繼之將這美的氣氛傳遍到每樣像牠自己形狀的物體上。蘭嶼的舟飾，就是一個例子。

　　雅美人的漁船是一種拼木舟，它是由木釘拼接而成，沒有用到一根木釘。船做好後，還要在船體上內外雕刻花文。從前設色用天然顏料，現已改用油漆，圖案也稍變了，船體上多繪了一隻海鷗。

(3)　避免近親通婚。

此外還有一傳說：「很久很久以前，紅頭嶼沒有高峯，天空也很低，樹頂連接天空。當時有一個叫 Simenagolulan 的巨人，體軀強壯高大，伸手就摸到天邊。」

「有一天，祂感到天氣很悶熱，於是，他一隻脚擱在紅頭山，一脚踏着大森山，用力把天蓋向上推，天空才升高到今天的位置。山峯也漸漸地高起來，故此紅頭嶼才有今日的山峯。」

「天蓋升高以後，天空出現了兩個太陽，一個剛向西落下，另一個又從東升起；輪流發出強烈的光芒，使島上的花木和昆虫鳥類都曬死。」

「有一天，一個婦人帶着她的小女孩在芋田中工作，小女孩受不住太陽的烙刑而曬死。婦人非常悲傷，指着太陽咒罵，於是太陽的光就漸漸減弱，一個就是今天的太陽，一個就是今天的月亮。從此紅頭嶼常年溫暖如春，花木茂盛，雅美人也過着快樂的生活。」

「現在天空的雲，就是 Simenagolulan 的帽子，這是祂把天蓋托高時，忘記取回他的帽。」

除上述神話外，還有其他許多傳說，在今日已演變爲歌謠。這些神話流傳至今，歷時已很久，由於代代口傳，自然其中情節，有很大的出入，是所難免的。

著者簡介：
劉其偉　Max Chiwai Liu

　　民國元年（1912 年）出生於廣東。早年留學日本，
歷任台金、台電、台糖及軍事工程局工程師。退休
後，從事教學及人類學的研究，先後在中山大學、
淡江大學、東海大學、美國俄亥俄州立大學任教。
並至菲律賓、中南半島、婆羅洲、中南美洲與非洲
等地探訪和採集物質文化標本。著有：《水彩畫法》、
《菲島原始文化與藝術》、《菲島原始藝術調查》、《台
灣土著文化藝術》、《婆羅洲土著文化藝術》、《現代
繪畫基本理論》、《荷馬水彩專輯》、《文化人類學》、
《文化探險》等書。1995 年出任「中華自然資源保
育協會」　常務監事，倡導生態保育。2000 年捐贈
百幅畫作給國立台灣美術館收藏。2001 年獲陳水扁
總統頒發文建會第四屆「文馨獎」。

附錄

蘭嶼文獻

〔一〕論文目錄

論文	著者	掲載誌	年
紅頭嶼土人は如何なる種族なる乎	鳥居龍藏	地雜，10-116	明治三一年
紅頭嶼土人は黑して黑奴なるか	一	東人，22-266	明治四一年
紅頭嶼ヤミ族と南方に列なる比律賓バタン島口碑傳承と事實	移川子之藏	南土，1-1	昭和六年
紅頭嶼土人の身長と指極	鳥居	東人，17-189	明治三四年
完全なる紅頭嶼男子骨格の一例に就いて。	中野由巳	人類，45-3	昭和五年
			昭和五年
紅頭嶼ヤミ族の山羊崇拜に就て	鹿野	人類，45-1	昭和五年
紅頭嶼土人の家屋	鳥居	東人，13-147	明治三一年
紅頭嶼と土人	と領小太郎	蕃情，1	明治三一年
台灣と紅頭嶼土人の用ふる楯	伊能嘉矩	東人，14-157	明治三一年
紅頭嶼	郊亭	台協，66，67	大正一年
紅頭嶼	視察員諸氏	台協，7	明治三七年
紅頭嶼の蕃人	森丑之助	台傳，69，70	大正一年
台灣東南方の一孤島に就て	宮内悅藏	地教，9-2	昭和三年
紅頭嶼民族資料	淺井惠倫	民俗，1-4	昭和四年
紅頭嶼ヤミ族の弓矢に就て	鹿野忠雄	人類，45-4	昭和五年
紅頭嶼蕃の使用する船	鹿野忠雄	人類，46-7	昭和六年
紅頭嶼土人の口碑	鳥居龍藏	東藝，19-244	明治三三年
紅頭嶼に傳ふる粟の神話	梅陰生	東人，22-258	明治四〇年
台灣紅頭嶼の口碑	佳山融吉	人類，30-9	大正四年
紅頭嶼に發現さるる石器に就いて	鹿野忠雄	史前學雜誌，2-3	一
支那人の紅頭嶼に於ける歷史	鳥居	台協，24	明治三三年
紅頭嶼地名考	鳥居	東藝，245，247	明治三五年
台灣紅頭嶼地名考	鹿野	地評，7-2	昭和六年
紅頭嶼の地名考	松倉鐵藏	理友，1-4	昭和七年
紅頭嶼の原鷄	佐佐木	台傳，41	大正八年
紅頭嶼の重要植物景觀	佐佐木	台傳，9	大正二年
紅頭嶼蕃人の煙草	鹿野	アミーバ，2-2	一
紅頭嶼通信	鳥居	地雜，10-105	明治三一年

蘭嶼雅美族的社會組織	衛 惠 林 劉 斌 雄	中研集刊，1	民五一年
雅美族紅頭社傳說一則	許 世 珍	中研集刊，9	民四九年
蘭嶼雅美族的金銀工藝與銀盔	鮑 克 蘭	中研集刊，27	民五八年
蘭嶼雅美族的武器	鮑 克 蘭	中研集刊，5	民四七年
蘭嶼雅美族初步調查紀要	鮑 克 蘭	中研集刊，1	民四六年
蘭嶼雅美族喪葬的一例	劉 斌 雄	中研集刊，8	民四八年
蘭嶼雅美族的財富誇示禮物交換與禮食分配	鮑 克 蘭	中研集刊，8	民四八年
雅美族工作房落成禮	林 衡 立	中研集刊，9	民四九年
雅美曆置閏法	林 衡 立	中研集刊，12	民五九年
恒春縣志中有關紅頭嶼的記載	高 麗 雲	—	—
紅頭嶼的兩種鸚鵡螺製裝飾品及其形制	宋 文 薰	—	—
蘭嶼雅美居住環境探討	林 希 娟 李 灼 明	成功大學刊	民六九年

〔二〕書籍目錄

An Illustrated Ethnography of Formosan Aborigines, Vol 1, The Yami.	Tadao and Kano Kokichi Segawa	Maruzen	1956
紅頭嶼土俗調查報告	鳥居龍藏	—	明治三五年
蘭嶼與綠島	台灣省新聞處	—	民四三年
蘭嶼雅美族	陳 國 鈞	—	民四五年
蘭嶼今昔	劉 振 河	民間知識社	民五十年
台灣土著文化藝術	劉 其 偉		民六四年
台灣高山族	高 淵 源	—	民六六年
台灣の蕃族研究	鈴木作太郎	台灣史籍刊行會	昭和七年
ヤミ族の原始藝術	外三卯三郎	（藝術書房）	昭和四五年
蘭嶼之旅	艾格里神父	——	1965

〔三〕出版簡稱

地雜——地學雜誌
東人—— 東京人類學雜誌

南土——南方土俗
人類——人類學雜誌
台土——台灣土語叢誌
台協——台灣協會會報
台博——台灣博物學會會報
民俗——民俗學
藩情——藩情研究會誌
地評——地理學評論
東藝——東洋學藝雜誌
理友——理蕃之友
中研——中央研究院

劉其偉繪畫創作文件

智慧、探險與愛心所架構出的藝術世界

● 16開本・精裝包書衣
● 全書328頁・143幅彩圖
● 定價1500元

自畫像　1978

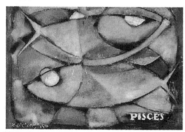

雙魚座（2）　1996

　　藝壇老頑童—劉其偉，以其風趣親切的形象及純樸可愛的繪畫作品，風靡了無數人。這位與民國同年的藝術家，不僅擁有超凡的智慧與豐富的人生經歷，亦擁有一顆赤誠的心與一枝靈活的筆，在現實與夢想之間的平衡點上，架構出他與眾不同的藝術世界。

　　劉其偉從事繪畫創作的四、五十個年頭中，完成了無數精彩作品，成果豐碩，而各時期有關劉其偉的文章報導，亦為其畫作風格及探險生活留下了最好的記錄。《劉其偉繪畫創作文件》一書，選了三十三篇從1951年到1997年間的採訪報導，有劉其偉暢談探險經歷與畫作典故的主題採訪、有前輩畫家們對劉老畫作的評論、有老友間的溫馨對談，十足珍貴的內容，極具可讀性。

　　本書收錄了劉其偉一生的精彩畫作以及其生活翦影、年表資料，讓讀者可以一同分享劉其偉充滿自然原始魅力的藝術世界。書中完整豐富的圖文介紹，是您親近、瞭解劉其偉的極佳選擇。

藝術家出版社

台北市重慶南路一段147號6樓
郵政劃撥：0104479-8 藝術家雜誌社

電　　話：（02）23719692-3
信用卡傳真：（02）23317096

文化人類學／劉其偉編譯

由於今日國際交流頻繁，文化人類學已受到一般大學普遍的重視。
既往它原是一項專門學問，但今日對一般文化人而言，
已成爲一種必具的「現代知識」。目前台灣出版此類書籍頗多，
但本書乃對人類學既往的研究和實踐，做了一個槪扼的整理。
同時對其未來開拓的分野與學術研究方向，也劃出一個槪略的前瞻。

◆ 全書計〈15〉萬餘言，25K，共〈280〉頁，彩色插圖〈48〉頁，黑白插圖〈70〉餘幅。
◆ 定價 280 元

藝術家　台北市重慶南路一段147號6F
郵政劃撥：0104479-8號　藝術家雜誌社

國家圖書館出版品預行編目資料

蘭嶼部落文化藝術＝Culture and Art of the
Botel Tobago Island／劉其偉編著，--三版。
台北市：藝術家出版社：民 91
面；公分.

ISBN 986-7957-22-9（平裝）

1.台東縣蘭嶼鄉－社會生活與風俗

673.29／139.4 91006993

蘭嶼部落文化藝術

Culture and Art of the Botel Tobago Island

劉其偉／編著

發行人 何政廣
出版者 藝術家出版社
台北市重慶南路一段 147 號 6 樓
TEL：(02)2371-9692-3
FAX：(02)23317096
郵政劃撥：0104479～8 號藝術家雜誌社帳戶

總 經 銷 時報文化出版企業股份有限公司
桃園縣龜山鄉萬壽路二段351號
TEL：(02) 2306-6842

分 社 台南市西門路一段 223 巷 10 弄 26 號
TEL：(06)2617268
FAX：(06)2637698
台中市綴于和大雅路二段 186 巷 6 弄 35 號
TEL：(04)25340234
FAX：(04)25331186

初 版 1982 年 9 月
二 版 2002 年 4 月
定 價 新臺幣 280 元

I S B N 986-7957-22-9

法律顧問 蕭雄淋